全国"八五"普法教材

法律明白人

婚姻家庭实用问答

FALÜ MINGBAIREN
HUNYIN JIATING SHIYONG WENDA

以案普法版

王菁菁
苗雷雷

著

中国法制出版社
CHINA LEGAL PUBLISHING HOUSE

目 录

CONTENTS

第一章　婚姻法律问题

第二章　收养法律问题

第三章　继承法律问题

第一章

婚姻法律问题

第一节 结 婚 前

1. 谈恋爱期间一方赠送另一方贵重礼物，分手时能否要回？

📢 典型案例

农村青年张建楼①经过多年努力，在村里承包了上千亩土地发展养殖业和果蔬业，获得了不少的经济收入。事业发展之际他认识了演员杨小妮，为讨杨小妮的欢心，张建楼经常带杨小妮出入各种豪华场所，并且给杨小妮购买了许多贵重礼物，后来还在农场内举办了一场盛大的求婚仪式，将家传的一对精美玉璧送给了杨小妮。但恋爱一年以来，杨小妮就是不肯与张建楼领取结婚证。随后，张建楼发现杨小妮与他人同居，于是提出分手，要求杨小妮返还自己曾送给她的贵重礼物以及家传玉璧，并要求杨小妮支付约会期间自己带她出入豪华场所花费的一半。

---

① 本书中人名均为化名。

以案普法

根据《民法典》第657条的规定，赠与合同是赠与人将自己的财产无偿给予受赠人，受赠人表示接受赠与的合同。本案中，张建楼为杨小妮购买贵重礼物以及送给杨小妮玉璧的行为，性质显然是赠与，双方之间的赠与合同生效。但是张建楼赠与杨小妮财物的目的明确，即与杨小妮缔结婚姻，这种赠与属于附义务的赠与。根据《民法典》第661条第2款的规定，赠与附义务的，受赠人应当按照约定履行义务。但是，杨小妮与他人同居、拒绝与张建楼结婚，没有履行赠与合同约定的义务。根据《民法典》第663条的规定，受赠人不履行赠与合同约定的义务，赠与人可以自知道或者应当知道撤销事由之日起一年内撤销赠与。因此，张建楼可以撤销赠与，要求杨小妮返还贵重礼物以及玉璧。

在实践中，我们应当正确理解这种大额赠与：恋爱期间，金额较大的赠与明显超过双方正常开支，不同于一般的财物赠与，这种赠与包含了缔结婚姻、共同生活的美好愿望，这一愿望是当事人成立赠与合同的目的，双方缔结婚姻或者共同生活是将来可能发生的不确定的事实，这个赠与合同实质是附了解除条件的，自条件成就（双方不能结婚或共同生活）时赠与合同失效，受赠人应当返还财物。根据该种理念，杨小妮应当将贵重礼物及玉璧返还给张建楼。

至于张建楼所支出的二人出入豪华场所花的费用，因为这些费用的目的是加深感情，并不直接指向缔结婚姻，因此杨小妮不需要支付这些费用的一半。

让我们重新回到前面附义务的赠与，可能您会有疑问：赠与所附的义务可以是缔结婚姻吗？这样是否违反了婚姻自由原则？

一般情况下，民商事领域的赠与合同所附义务不能涉及身份关系、不能违反法律规定、不能违背公序良俗，但是婚姻家事属于特殊领域，包含情感、身份、家庭、伦理、道德等元素，该领域中当事人为缔结婚姻而赠与对方财物符合我国习俗习惯，因此，法律允许当事人为缔结婚姻而赠送对方财物，但实践中应注意与借婚姻索取财物的区别。

法律依据

《中华人民共和国民法典》

第七条　民事主体从事民事活动，应当遵循诚信原则，秉持诚实，恪守承诺。

第一百五十八条　民事法律行为可以附条件，但是根据其性质不得附条件的除外。附生效条件的民事法律行为，自条件成就时生效。附解除条件的民事法律行为，自条件成就时失效。

第六百五十七条　赠与合同是赠与人将自己的财产无偿给予受赠人，受赠人表示接受赠与的合同。

第六百六十一条　赠与可以附义务。

赠与附义务的，受赠人应当按照约定履行义务。

第六百六十三条　受赠人有下列情形之一的，赠与人可以撤销赠与：

（一）严重侵害赠与人或者赠与人近亲属的合法权益；

（二）对赠与人有扶养义务而不履行；

（三）不履行赠与合同约定的义务。

赠与人的撤销权，自知道或者应当知道撤销事由之日起一年内行使。

2. 男女双方共同生活多年且生儿育女，但未领取结婚证，一方想要离婚怎么办？

📢 典型案例

1990 年，李志强与同村姑娘王小利在村里举办了婚礼并宴请了全村老少。之后夫妇二人便生活在一起，生育了三个孩子，盖起了楼房，买了汽车，搞起了养殖业，生活越过越好。但从 2012 年开始，李志强迷恋上了某网络主播，把不少积蓄都用来线上打赏，家庭事务全部由王小利一人包揽。几年下来，家庭经济状况越来越差，王小利感到生活一片黑暗，看不到希望，想要离婚，但是她和李志强只举办了婚礼，并没有领取结婚证，一时之间不知道该怎么办。

以案普法

根据《民法典》第 1049 条的规定，要求结婚的男女双方应当亲自到婚姻登记机关申请结婚登记。完成结婚登记，即确立婚姻关系。本案中，李志强与王小利虽然没有领取结婚证，但是二人从 1990 年开始共同生活，根据《最高人民法院关于适用〈中华人民共和国民法典〉婚姻家庭编的解释（一）》（以下简称《婚姻家庭编司法解释（一）》）第 7 条第 1 项的规定，在 1994 年 2 月 1 日民政部《婚姻登记管理条例》公布实施以前，未办理结婚登记而以夫妻名义共同生活的男女，双方已经符合结婚实质要件的，按事实婚姻处理。

案例中，李志强与王小利从 1990 年开始已经以夫妻名义生活在一起，虽然没有领取结婚证，但是当时二人都已经达到法定婚龄，没有重婚的情况，也不存在禁止结婚的亲属关系，因此二人之间成立事实婚姻，王小利想要离婚，需要到人民法院起诉才行。

法律依据

《中华人民共和国民法典》

第一千零四十九条 要求结婚的男女双方应当亲自到

婚姻登记机关申请结婚登记。符合本法规定的，予以登记，发给结婚证。完成结婚登记，即确立婚姻关系。未办理结婚登记的，应当补办登记。

《最高人民法院关于适用〈中华人民共和国民法典〉婚姻家庭编的解释（一）》

第七条　未依据民法典第一千零四十九条规定办理结婚登记而以夫妻名义共同生活的男女，提起诉讼要求离婚的，应当区别对待：

（一）1994 年 2 月 1 日民政部《婚姻登记管理条例》公布实施以前，男女双方已经符合结婚实质要件的，按事实婚姻处理。

（二）1994 年 2 月 1 日民政部《婚姻登记管理条例》公布实施以后，男女双方符合结婚实质要件的，人民法院应当告知其补办结婚登记。未补办结婚登记的，依据本解释第三条规定处理。

3. 同居期间女方因遭遇男方家暴而流产，男方需承担什么责任？

📢 典型案例

农村青年张伟到城市打工，认识了来自同省的姑娘李珊珊，相似的人生经历让二人聊得很投机，很快便确定了恋爱关系并住在了一起。之后二人回到老家与父母商议结婚事宜，但李珊珊的家人以张伟年龄比李珊珊大了近 10 岁为由不同意二人结婚，最后二人虽没有领取结婚证，但并没有分开，仍然同居在一起。但这之后张伟像换了个人似的，酗酒、无事生非和李珊珊吵架，甚至在一次醉酒后打了李珊珊十几个耳光，对李珊珊又蹬又踹，最终导致李珊珊鼻骨骨折、耳膜穿孔，腹中四个月大的胎儿也不幸流产。李珊珊要求张伟赔偿医疗费以及因流产造成的精神损失费，她能得到法律的支持吗？张伟还可能承担什么责任？

🖻 以案普法

根据《反家庭暴力法》第 2 条的规定，家庭暴力是指家庭成员之间以殴打、捆绑、残害、限制人身自由以及经常性谩骂、恐吓等方式实施的身体、精神等侵害行为。《反家庭暴力法》第 37 条规定，家庭成员以外共同生活的人之间实施的暴力行为，参照该法规定执行。据此，张伟和李珊珊虽然没有领取结婚证，不是家庭成员，但二人共同生活在一起，因此张伟对李珊珊打耳光、蹬踹的行为仍然构成家庭暴力。

《民法典》第 1091 条规定，实施家庭暴力导致离婚的，无过错方有权请求损害赔偿。根据该条规定，因遭遇家庭暴力而要求损害赔偿的前提首先是二人要具备婚姻关系，其次是因家庭暴力导致离婚。本案中，虽然张伟对李珊珊实施了家庭暴力，但因二人不具备婚姻关系，故李珊珊不能因遭遇家暴流产而要求张伟进行赔偿。

但是，李珊珊可以到公安机关报案，要求追究张伟故意伤害的刑事责任。公安机关经伤情鉴定后，若鉴定结论为轻伤或者重伤，则张伟构成故意伤害罪，会被追究刑事责任；若鉴定结论仅为轻微伤，则达不到追究刑事责任的标准，公安机关可以违反治安管理的行为对张伟进行警告、罚款、拘留等处罚。

除了上述刑事及行政责任，李珊珊还可以向人民法院提起民事诉讼，要求张伟赔偿自己的经济损失，如医疗费、误工费、营养费等。如果李珊珊构成残疾，还可以根据《民法典》第1183条的规定要求张伟赔偿精神损害抚慰金与残疾赔偿金。

综上，李珊珊和张伟同居期间遭遇家暴，虽不能要求张伟支付婚姻过错赔偿金，但可以要求张伟赔偿医疗费、误工费以及精神损害抚慰金等费用，并承担相应的行政或者刑事责任。

🔖 法律依据

《中华人民共和国民法典》

第一千一百七十九条 侵害他人造成人身损害的，应当赔偿医疗费、护理费、交通费、营养费、住院伙食补助费等为治疗和康复支出的合理费用，以及因误工减少的收入。造成残疾的，还应当赔偿辅助器具费和残疾赔偿金；造成死亡的，还应当赔偿丧葬费和死亡赔偿金。

第一千一百八十三条　侵害自然人人身权益造成严重精神损害的，被侵权人有权请求精神损害赔偿。

因故意或者重大过失侵害自然人具有人身意义的特定物造成严重精神损害的，被侵权人有权请求精神损害赔偿。

第一千零九十一条　有下列情形之一，导致离婚的，无过错方有权请求损害赔偿：

（一）重婚；

（二）与他人同居；

（三）实施家庭暴力；

（四）虐待、遗弃家庭成员；

（五）有其他重大过错。

《中华人民共和国反家庭暴力法》

第二条　本法所称家庭暴力，是指家庭成员之间以殴打、捆绑、残害、限制人身自由以及经常性谩骂、恐吓等方式实施的身体、精神等侵害行为。

第三十七条　家庭成员以外共同生活的人之间实施的暴力行为，参照本法规定执行。

《中华人民共和国刑法》

第二百三十四条　故意伤害他人身体的，处三年以下有期徒刑、拘役或者管制。

犯前款罪，致人重伤的，处三年以上十年以下有期徒刑；致人死亡或者以特别残忍手段致人重伤造成严重残疾的，处十年以上有期徒刑、无期徒刑或者死刑。本法另有规定的，依照规定。

《中华人民共和国治安管理处罚法》

第九条 对于因民间纠纷引起的打架斗殴或者损毁他人财物等违反治安管理行为，情节较轻的，公安机关可以调解处理。经公安机关调解，当事人达成协议的，不予处罚。经调解未达成协议或者达成协议后不履行的，公安机关应当依照本法的规定对违反治安管理行为人给予处罚，并告知当事人可以就民事争议依法向人民法院提起民事诉讼。

第十条 治安管理处罚的种类分为：

（一）警告；

（二）罚款；

（三）行政拘留；

（四）吊销公安机关发放的许可证。

对违反治安管理的外国人，可以附加适用限期出境或者驱逐出境。

第二节　婚姻效力

4. 表兄妹结婚，"亲上加亲"的婚姻有效吗？

📢 典型案例

杨太爷有儿子杨易同、孙子杨达、曾孙杨天。杨太爷祖孙几代都生活在农村，杨天18岁时考上了上海市的某重点大学，在大学里认识了同校的上海姑娘刘雨，两人性情相投，从本科谈恋爱到研究生毕业，感情深厚。毕业后，两人便在上海领取了结婚证。

领证后，刘雨和杨天一起回到了杨天的老家，见到了杨天的家人。当刘雨知道杨天的爷爷叫杨易同时有些诧异，表示自己去世多年的外婆叫杨易勤，此话一出，杨天家就炸了锅，一家人很是激动，他们终于找到了失散多年的家人。

原来，刘雨的外婆杨易勤是杨太爷的亲生女儿，当年杨太爷极力反对女儿杨易勤远嫁上海，杨易勤便赌气不和家人来往，多年后就有了外孙女刘雨。

这下大家都搞明白了，杨太爷除了有曾孙杨天之外，还有曾外孙女刘雨。杨天的爷爷杨易同和刘雨的外婆杨易勤是亲兄妹，杨天和刘雨是表兄妹关系，老人们认为他们的婚姻是"亲上加亲"，但是杨天和刘雨都受过高等教育，心里很是不安：他们的婚姻有效吗？

以案普法

根据《民法典》第 1048 条的规定，直系血亲或者三代以内的旁系血亲禁止结婚。本案中，杨天的爷爷杨易同和刘雨的外婆杨易勤是亲兄妹，他们是第一代直系血亲，杨天的父亲和刘雨的母亲是第二代旁系血亲，杨天和刘雨属第三代旁系血亲，因此，杨天和刘雨是禁止结婚的。

根据《民法典》第 1051 条的规定，男女双方具有禁止结婚的亲属关系的，婚姻无效。因此，杨天和刘雨的婚姻无效。

法律依据

《中华人民共和国民法典》

第一千零四十八条 直系血亲或者三代以内的旁系血亲禁止结婚。

第一千零五十一条 有下列情形之一的，婚姻无效：

（一）重婚；

（二）有禁止结婚的亲属关系；

（三）未到法定婚龄。

5. 一方隐瞒婚前患有重大疾病而结婚，后想要离婚怎么办？

📢 典型案例

张山海与李月莉于 2016 年办理了结婚登记手续，张山海是初婚（55 岁），李月莉是二婚（62 岁），二人约定男方入赘女方家。

婚后张山海来到李月莉家生活，二人将李月莉原有的宅基地上的旧房拆除，建起了崭新的三层楼房，并干起了养殖业，生活美满，幸福可期。

直到 2021 年的一天，李月莉无意间发现张山海的一份医院门诊病历，病历显示张山海在 2006 年已经确诊患有梅毒，而自己对此事全然不知，李月莉极度气愤、难以接受，遂将张山海赶出家门。张山海与李月莉几番沟通都没有效果，后向法院起诉离婚，要求分割夫妻共有的三层楼房。

📖 以案普法

根据《民法典》第 1053 条第 1 款的规定，一方患有重大疾病的，应当在结婚登记前如实告知另一方；不如实告知的，另一方可以向人民法院请求撤销婚姻。本案中，张山海隐瞒婚前患有梅毒的事实而与李月莉结婚，李月莉作为受害一方，是可以要求撤销婚姻登记的。

另外，根据《民法典》第 1054 条第 2 款的规定，婚姻无效或者被撤销的，无过错方有权请求损害赔偿。所以，李月莉在要求撤销婚姻登记的同时，还可以一并要求张山海对自己进行赔偿。

张山海作为过错方，不具备上述撤销权，不能撤销婚姻登记，因此张山海要求离婚的话，只能按照正常离婚程序进行，到民政局协议离婚或到法院起诉离婚。

本案中，张山海选择起诉离婚，在离婚诉讼中，若李月莉要求撤销婚姻登记，则法院应予撤销；若李月莉不要求撤销，则法院不能主动裁判撤销。

另外，关于三层楼房的处理方式，根据《民法典》第 1054 条第 1 款的规定，若婚姻被撤销，则婚姻自始没有法律约束力，双方不具有夫妻的权利和义务，同居期间的财产也就是三层楼房应合理分割。若双方最终离婚，那么三层楼房就是夫妻共同财产，也应该合理分割。

据此，本案中二人共同建造的农村三层楼房或作为同居期间财产或作为夫妻共同财产均应合理分割，由于张山海存在过错，李月莉分得的房产份额可以适当多于张山海。

🔖 **法律依据**

《中华人民共和国民法典》

第一千零五十三条 一方患有重大疾病的，应当在结婚登记前如实告知另一方；不如实告知的，另一方可以向人民法院请求撤销婚姻。

请求撤销婚姻的，应当自知道或者应当知道撤销事由之日起一年内提出。

第一千零五十四条 无效的或者被撤销的婚姻自始没有法律约束力，当事人不具有夫妻的权利和义务。同居期间所得的财产，由当事人协议处理；协议不成的，由人民法院根据照顾无过错方的原则判决。对重婚导致的无效婚姻的财产处理，不得侵害合法婚姻当事人的财产权益。当事人所生的子女，适用本法关于父母子女的规定。

婚姻无效或者被撤销的，无过错方有权请求损害赔偿。

6. 因受到威胁而结婚，可以撤销婚姻吗？

典型案例

2013 年，23 岁的农村姑娘张妙跟着亲戚来到某城市建筑工地打工，她既干搬砖等体力活又负责给工友做饭、烧水，性格乐观、待人和善，很快赢得了工友们的好评。其中一名叫李锐的工友对张妙很是关心，经常嘘寒问暖，不久之后两人便确立了恋爱关系并开始同居。

同居期间，张妙发现李锐粗鲁蛮横且小肚鸡肠，经常因为张妙和其他工友说了句话、帮别人倒了杯水而和张妙争执吵架，甚至摔东西，最后干脆不让张妙出门，不让张妙用手机。张妙想分手，可奈何孤身一人，她害怕李锐施暴，一直默默忍受。2017 年，在李锐的又一次威胁下，张妙不得不和李锐到其老家领取了结婚证。2019 年，李锐因吸毒被公安机关强制戒毒，张妙暂时获得自由，她想到自己是被李锐胁迫结婚的，这样的婚姻有效吗？可以撤销吗？

🔍 以案普法

根据《民法典》第 1052 条第 1 款规定，因胁迫结婚的，受胁迫的一方可以向人民法院请求撤销婚姻。本案中，张妙因受到胁迫而和李锐领取了结婚证，作为受害一方，张妙是可以要求撤销婚姻登记的。需要注意的是，要认定受到胁迫，需要张妙提供相关证据予以证明。

根据《民法典》第 1054 条第 1 款规定，若婚姻被撤销，则婚姻自始没有法律约束力，双方不具有夫妻的权利和义务。对张妙而言，婚姻被撤销后如果再结婚，她仍然是初婚。

另外，根据《民法典》第 1054 条第 2 款规定，婚姻无效或者被撤销的，无过错方有权请求损害赔偿。所以，张妙在要求撤销婚姻登记的同时，还可以要求李锐对自己进行赔偿。

法律依据

《中华人民共和国民法典》

第一千零五十二条　因胁迫结婚的，受胁迫的一方可以向人民法院请求撤销婚姻。

请求撤销婚姻的，应当自胁迫行为终止之日起一年内提出。

被非法限制人身自由的当事人请求撤销婚姻的，应当自恢复人身自由之日起一年内提出。

第一千零五十四条　无效的或者被撤销的婚姻自始没有法律约束力，当事人不具有夫妻的权利和义务。同居期间所得的财产，由当事人协议处理；协议不成的，由人民法院根据照顾无过错方的原则判决。对重婚导致的无效婚姻的财产处理，不得侵害合法婚姻当事人的财产权益。当事人所生的子女，适用本法关于父母子女的规定。

婚姻无效或者被撤销的，无过错方有权请求损害赔偿。

第三节 家庭关系

7. 父母分居多年，其中一方对孩子不管不问，孩子能否要求其支付抚养费?

🔊 典型案例

　　农村青年李治国与邻村姑娘杨一念结婚一年后，儿子李民泽出生。为了改善家庭经济条件，李治国离开家到外地打工，刚开始的一两年，李治国还按时主动给母子俩生活费，后来是妻子要了才给，再后来是要十次才给一次，并且总是以各种理由推托。多年来，杨一念也想过离婚，但看着年幼的儿子内心始终不忍。现在儿子已经 10 岁，杨一念想着儿子今后的花费越来越高，自己收入微薄还得奉养老人，这就需要李治国按月给孩子抚养费，但几经协商，李治国始终不答应。杨一念想以儿子的名义起诉李治国要求其支付抚养费，但又不想离婚，可以吗?

📖 以案普法

　　根据《民法典》第 1058 条的规定，夫妻双方共同承担对未成年子女抚养、教育和保护的义务。本案中，李治国长期在外打工，既没有直接抚养儿子李民泽，又不支付抚养费，并未尽到一个父亲的责任，明显违法。杨一念作为李民泽的监护人和法定代理人，可以代理李民泽提起诉讼，要求李治国履行法定抚养义务，支付抚养费。

法律依据

《中华人民共和国民法典》

第二十六条 父母对未成年子女负有抚养、教育和保护的义务。

成年子女对父母负有赡养、扶助和保护的义务。

第一千零五十八条 夫妻双方平等享有对未成年子女抚养、教育和保护的权利，共同承担对未成年子女抚养、教育和保护的义务。

8. 夫妻一方瞒着对方购买了汽车，对方能否以不知情为由要求汽车销售商退车退款？

典型案例

65岁的张老汉瞒着老伴杨阿姨购买了一辆价值2.5万元的新能源汽车，张老汉平时将车辆放在亲戚家里，只有在进城的时候才开一下。后来有一天，亲戚来到张老汉家里办事，一不小心说漏了嘴，在杨阿姨的再三追问下，张老汉说出了实情，他说现在自己已经 65 岁了，再不开车只怕这辈子就没有机会开了。但是杨阿姨认为，张老汉年纪大了，眼神又不好，平时还贪酒，还是不要驾车为好。于是杨阿姨和儿子找到卖给张老汉汽车的 4S 店要求退车退款，那么杨阿姨能以不知情为由要求退车退款吗？

以案普法

根据《民法典》第 1060 条的规定，夫妻一方因家庭日常生活需要而实施的民事法律行为，对夫妻双方发生效力，但是夫妻一方与相对人另有约定的除外。本案中，张老汉瞒着妻子购买了一辆价值 2.5 万元的新能源汽车，价格并不算太高，可以被认定为家庭日常生活需要，而且张老汉是完全民事行为能力人，其购买车辆的行为也不违反法律规定，因此张老汉的购车行为对夫妻双方发生法律效力，杨阿姨不能以不知情为由要求退车退款。

在司法实践中，此类案件的关键点在于夫妻一方实施的行为是否可以被认定为家庭日常生活需要，一般法官会从购买物品的价格、目的，家庭的收入与消费情况，当地人均可支配收入、消费性支出情况等方面综合认定。例如，夫妻一方购买房产而另一方不知情，因房产价格往往很高，通常难以被认定为家庭日常生活需要，因此不知情的另一方可以追回购房款。

🔖 法律依据

《中华人民共和国民法典》

第一千零六十条　夫妻一方因家庭日常生活需要而实施的民事法律行为，对夫妻双方发生效力，但是夫妻一方与相对人另有约定的除外。

夫妻之间对一方可以实施的民事法律行为范围的限制，不得对抗善意相对人。

9. 结婚后，夫妻一方借钱投资，另一方应该偿还借款吗?

📢 典型案例

2016 年，农村小伙郝生与同村姑娘任清喜结良缘。婚后，二人在村里承包了 1000 亩大棚种植蔬菜，几年后大棚效益越来越好。可是就在 2021 年任清生育二胎之际，却忽然收到法院传票，一个叫钱成的人将郝生和任清起诉到法院，说是郝生向他借款 30 万元，要求夫妻二人连带清偿本金及利息，并且将郝生名下的农用工具车进行了保全。接到传票后，在任清的反复追问下，郝生说出了实情，原来，在任清怀孕期间，郝生迷上了期货和炒股，因不懂行情导致亏损，为了挽回损失，只好向推荐他炒股的钱成借钱，可是股市的变化让郝生始终未能还上钱，于是，钱成起诉要求夫妻二人偿还借款本金及利息。可任清认为，这笔钱自己一分也没用过，自己需要偿还吗？

📖 以案普法

夫妻连带清偿的前提是构成夫妻共同债务。根据《民法典》第 1064 条的规定，以下情况构成夫妻共同债务：（1）夫妻双方共同在借据、欠条等债权凭证上签字，即共债共签；（2）虽债权凭证上仅有夫妻一方签名，但是另一方知道债务后表示愿意偿还或者认可债务，即事后追认；（3）夫妻一方在婚姻关系存续期间以自己的名义借钱，但是借钱的目的是用于家庭日常生活需要，即构成了家事代理，这种情形因为是用于家庭日常生活，所以所借金额一般不会太大；（4）夫妻一方在婚姻关系存续期间以自己的名义借钱，所借金额明显超出家庭日常生活需要，但是债权人有证据证明所借款项用于夫妻共同生活、共同生产经营或者夫妻双方共同表示借债。以上四种情形下成立的债务属于夫妻共同债务，夫妻双方应承担连带清偿责任。

但是本案中，郝生的借据上没有任清的签名，不构成共债共签；任清知道债务后也没有表示追认；借款 30 万元，金额较高，不能认定为用于家庭日常生活需要；债权人钱成也没有证据证明郝生将借款用于郝生与任清的夫妻共同生活、共同生产经营。因此，任清不需要还款。

这里需要说明一点，投资期货和炒股都是投资行为，不能等同于生产经营。郝生的借款并没有用于夫妻的共同生产经营，如用于蔬菜大棚经营，因此，任清不需要对钱成承担还款责任，但是郝生的还款义务不能免除，仍然要承担对钱成的还款责任。

🔖 法律依据

《中华人民共和国民法典》

第一千零六十四条　夫妻双方共同签名或者夫妻一方事后追认等共同意思表示所负的债务，以及夫妻一方在婚姻关系存续期间以个人名义为家庭日常生活需要所负的债务，属于夫妻共同债务。

夫妻一方在婚姻关系存续期间以个人名义超出家庭日常生活需要所负的债务，不属于夫妻共同债务；但是，债权人能够证明该债务用于夫妻共同生活、共同生产经营或者基于夫妻双方共同意思表示的除外。

10. 夫妻一方的父亲身患重病急需医治，能否不经对方同意出卖共有的房产为父亲看病？

📢 典型案例

农村小伙林密与同村姑娘尤静领取结婚证后，二人从打工的城市回村，承包了几千亩荒山培育苗木。就在日夜辛劳的夫妻俩生意刚有起色之际，尤静的父亲检查出患了肝癌，手术之后每月都需要将近 2 万元的化疗费用，可目前夫妻俩的积蓄承担不起巨额的医疗费用。尤静不愿意放弃治疗，于是，她和林密商量先将在城市购买的学区房卖掉救治父亲，等以后有能力了再买，可是经过多次沟通林密始终不同意卖房，并且跟尤静说："要卖房可以，除非离婚！"尤静进退两难，她既不想离婚，又想救父亲。那么，尤静能在林密不同意的情况下卖房救父吗？

以案普法

根据《民法典》第 1066 条的规定，婚姻关系存续期间，一方负有法定扶养义务的人患重大疾病需要医治，另一方不同意支付相关医疗费用，夫妻一方可以向人民法院请求分割共同财产。本案中，尤静的父亲罹患肝癌，尤静作为女儿，对父亲负有法定扶养义务。而案件中城市学区房是尤静和林密的夫妻共同财产，尤静可以请求法院将共同所有的房产分割，分割后将属于自己的那一部分用于给父亲治疗。

法律依据

《中华人民共和国民法典》

第一千零六十六条 婚姻关系存续期间，有下列情形之一的，夫妻一方可以向人民法院请求分割共同财产：

（一）一方有隐藏、转移、变卖、毁损、挥霍夫妻共同财产或者伪造夫妻共同债务等严重损害夫妻共同财产利益的行为；

（二）一方负有法定扶养义务的人患重大疾病需要医治，另一方不同意支付相关医疗费用。

11. 儿子发现自己的血型和父亲不一致，能否认为和父亲之间不存在父子关系？

📢 典型案例

李继患上了白血病，儿子李然在医院照顾父亲期间看到父亲的血液报告单，发现父亲的血型和自己的血型不匹配。父亲出院后，李然忍不住问了父亲，李继三缄其口。不久李继病重再次住院，这次李继将李然叫到床边，悄悄告诉李然说："你妈妈不能生育，35年前，我和你妈妈在上海的福利院收养了你，之所以不告诉你，是怕今后你不管我和你妈妈，我们就你这一个孩子，我们实在是不想老无所依。"说罢，父亲老泪纵横。

李继出院了，但还需要长期的治疗与巨额的医疗费，面对未来沉重的经济负担，李然心想：能确认自己和李继之间不存在父子关系吗？

📖 以案普法

根据《民法典》第1073条的规定，对亲子关系有异议且有正当理由的，成年子女可以向人民法院提起诉讼，请求确认亲子关系。据此，本案中李然已经 35 岁，是个成年人，其不能够起诉确认和李继之间不存在亲子关系。作为成年人，李然只能确认而不能否认存在亲子关系。

民法典之所以这样规定，就是要解决类似本案的问题。李继与妻子含辛茹苦将李然养大，如果支持否认亲子关系的话，一旦否认，李然将不需要对李继承担赡养义务。这明显违背公序良俗原则，与我国社会主义核心价值观相违背，将会引起恶劣的社会效果。

📖 法律依据

《中华人民共和国民法典》

第一千零七十三条　对亲子关系有异议且有正当理由的，父或者母可以向人民法院提起诉讼，请求确认或者否认亲子关系。

对亲子关系有异议且有正当理由的，成年子女可以向人民法院提起诉讼，请求确认亲子关系。

《最高人民法院关于适用〈中华人民共和国民法典〉婚姻家庭编的解释（一）》

第三十九条　父或者母向人民法院起诉请求否认亲子关系，并已提供必要证据予以证明，另一方没有相反证据又拒绝做亲子鉴定的，人民法院可以认定否认亲子关系一方的主张成立。

父或者母以及成年子女起诉请求确认亲子关系，并提供必要证据予以证明，另一方没有相反证据又拒绝做亲子鉴定的，人民法院可以认定确认亲子关系一方的主张成立。

12. 未成年人的父母无法承担监护人责任时，能否要求爷爷奶奶支付抚养费？

🔊 典型案例

李燕君 3 岁时，父亲突发脑溢血死亡，母亲杨荣接受不了丈夫突然死亡的打击，变得神志不清，年幼的李燕君经常饥一顿饱一顿，没有办法正常生活。

于是，李燕君的外公外婆找到他的爷爷奶奶，要求爷爷奶奶担任李燕君的监护人，而他们要带自己的女儿杨荣求医治疗。可让他们没想到的是，李燕君的爷爷奶奶不愿意照顾孙女，说自己身体不好，退休金只够自己的基本生活。后来经街道办、居委会和当地民政部门多次调解，李燕君的爷爷奶奶始终不肯松口，无奈之下，李燕君的外公外婆起诉到法院。那么，法院能支持李燕君外公外婆的主张吗？

🔍 以案普法

根据《民法典》第 27 条的规定，未成年人的父母已经死亡或者没有监护能力的，由有监护能力的祖父母、外祖父母、兄、姐等人按顺序担任监护人。本案中，李燕君父亲死亡，母亲神志不清，是限制民事行为能力人，没有监护能力和抚养能力，那么李燕君的爷爷奶奶和外公外婆就是法定的第一顺序监护人，可是其爷爷奶奶已经多次表态不愿意担任监护人，这时候，外公外婆就是李燕君的监护人。

爷爷奶奶拒绝担任监护人，是否能够免除抚养李燕君的义务呢？根据《民法典》第 1074 条的规定，有负担能力的祖父母、外祖父母，对于父母已经死亡或者父母无力抚养的未成年孙子女、外孙子女，有抚养的义务。本案中，李燕君的爷爷奶奶有退休金，具有抚养能力和抚养条件。因此，外公外婆可以监护人的身份要求李燕君的爷爷奶奶支付抚养费。

法律依据

《中华人民共和国民法典》

第二十七条 父母是未成年子女的监护人。

未成年人的父母已经死亡或者没有监护能力的，由下列有监护能力的人按顺序担任监护人：

（一）祖父母、外祖父母；

（二）兄、姐；

（三）其他愿意担任监护人的个人或者组织，但是须经未成年人住所地的居民委员会、村民委员会或者民政部门同意。

第三十六条　监护人有下列情形之一的，人民法院根据有关个人或者组织的申请，撤销其监护人资格，安排必要的临时监护措施，并按照最有利于被监护人的原则依法指定监护人：

（一）实施严重损害被监护人身心健康的行为；

（二）怠于履行监护职责，或者无法履行监护职责且拒绝将监护职责部分或者全部委托给他人，导致被监护人处于危困状态；

（三）实施严重侵害被监护人合法权益的其他行为。

本条规定的有关个人、组织包括：其他依法具有监护资格的人，居民委员会、村民委员会、学校、医疗机构、妇女联合会、残疾人联合会、未成年人保护组织、依法设立的老年人组织、民政部门等。

前款规定的个人和民政部门以外的组织未及时向人民法院申请撤销监护人资格的，民政部门应当向人民法院申请。

第一千零七十四条　有负担能力的祖父母、外祖父母，对于父母已经死亡或者父母无力抚养的未成年孙子女、外孙子女，有抚养的义务。

有负担能力的孙子女、外孙子女，对于子女已经死亡或者子女无力赡养的祖父母、外祖父母，有赡养的义务。

13. 夫妻离婚时约定一方不支付抚养费，离婚后孩子能要求支付抚养费吗?

📢 典型案例

卢梦清与王汉湖夫妇离婚时，双方协议约定：（1）双胞胎女儿王一草、王一木由女方卢梦清直接抚养，男方王汉湖不支付两个女儿的抚养费。(2) 夫妻共同所有的农村三层楼房归女方卢梦清所有。

二人离婚后，两个女儿跟随卢梦清生活。随着孩子长大，卢梦清打工的收入已经满足不了两个孩子的需求，母女三人的生活常常捉襟见肘。

王一草、王一木姐妹俩找到王汉湖，要求父亲支付抚养费以保障自己的生活需要。可王汉湖却认为，他与卢梦清的离婚协议写得很清楚，自己不支付抚养费，而且作为补偿也把房产给了卢梦清，自己没有义务再支付抚养费。王汉湖的想法合理吗?

📖 以案普法

《民法典》第 1084 条和第 1085 条规定，离婚后，父母对于子女仍有抚养、教育、保护的权利和义务。离婚后，子女由一方直接抚养的，另一方应当负担部分或者全部抚养费。据此，抚养子女是父母双方的法定义务，不因离婚而免除，不因双方约定而免除。在一方直接抚养、实际抚养的前提下，另一方支付抚养费是法定义务，卢梦清与王汉湖离婚协议的约定并不能免除王汉湖的法定义务。

此外，根据《民法典》第 1085 条第 2 款的规定，父母的协议，不妨碍子女在必要时向父母任何一方提出超过协议原定数额的合理要求。《婚姻家庭编司法解释（一）》第 58 条也规定，原定抚养费数额不足以维持当地实际生活水平，或者因子女患病、上学，实际需要已经超过原定数额的情形下，子女要求有负担能力的父或者母增加抚养费的，人民法院应予支持。因此，在卢梦清的收入无法保障孩子正常生活的现实情况下，孩子当然可以要求增加抚养费。

在本案中，不管是从法定义务的角度还是从孩子现实需求的角度来讲，父亲王汉湖都应当支付抚养费。卢梦清作为两个孩子的法定监护人有权代理女儿要求父亲支付抚养费。

法律依据

《中华人民共和国民法典》

第一千零八十四条　父母与子女间的关系，不因父母离婚而消除。离婚后，子女无论由父或者母直接抚养，仍是父母双方的子女。

离婚后，父母对于子女仍有抚养、教育、保护的权利和义务。

离婚后，不满两周岁的子女，以由母亲直接抚养为原则。已满两周岁的子女，父母双方对抚养问题协议不成的，由人民法院根据双方的具体情况，按照最有利于未成年子女的原则判决。子女已满八周岁的，应当尊重其真实意愿。

第一千零八十五条 离婚后，子女由一方直接抚养的，另一方应当负担部分或者全部抚养费。负担费用的多少和期限的长短，由双方协议；协议不成的，由人民法院判决。

前款规定的协议或者判决，不妨碍子女在必要时向父母任何一方提出超过协议或者判决原定数额的合理要求。

《最高人民法院关于适用〈中华人民共和国民法典〉婚姻家庭编的解释（一）》

第四十九条 抚养费的数额，可以根据子女的实际需要、父母双方的负担能力和当地的实际生活水平确定。

有固定收入的，抚养费一般可以按其月总收入的百分之二十至三十的比例给付。负担两个以上子女抚养费的，比例可以适当提高，但一般不得超过月总收入的百分之五十。

无固定收入的，抚养费的数额可以依据当年总收入或者同行业平均收入，参照上述比例确定。

有特殊情况的，可以适当提高或者降低上述比例。

第五十八条 具有下列情形之一，子女要求有负担能力的父或者母增加抚养费的，人民法院应予支持：

（一）原定抚养费数额不足以维持当地实际生活水平；

（二）因子女患病、上学，实际需要已超过原定数额；

（三）有其他正当理由应当增加。

14. 外孙女对无人赡养的外祖父母是否有赡养义务？

典型案例

2010 年，农村姑娘钟秀湖到深圳的一家餐厅打工，其间认识了送外卖的小伙子郝山。身处异乡的两个人共同话题越来越多，日久生情，最终领取了结婚证。婚后两个人开了一间风味餐厅，收入还可以。就在这时，钟秀湖的老家传来消息，她的母亲和舅舅送 90 岁的外婆去医院看病时横遭车祸，母亲和舅舅当场遇难，而外婆逃过一劫。

现在钟秀湖面临的是如何处理外婆的赡养问题，去世的舅舅只有一个儿子，是个残疾人，平时还要靠舅妈照顾，根本无力照顾外婆，而母亲只有自己这一个女儿，父亲很早便已经过世。钟秀湖心想：自己作为外孙女对外婆有赡养义务吗？

以案普法

根据《民法典》第 1074 条的规定，有负担能力的孙子女、外孙子女，对于子女已经死亡或者子女无力赡养的祖父母、外祖父母，有赡养的义务。本案中，外婆的子女，也就是钟秀湖的舅舅和母亲都已经去世，而舅舅的儿子身患残疾，不具备照顾外婆的能力，钟秀湖作为外孙女，经济状况也比较好，所以对外婆具有法定赡养义务。

🔊 法律依据

《中华人民共和国民法典》

第一千零七十四条 有负担能力的祖父母、外祖父母，对于父母已经死亡或者父母无力抚养的未成年孙子女、外孙子女，有抚养的义务。

有负担能力的孙子女、外孙子女，对于子女已经死亡或者子女无力赡养的祖父母、外祖父母，有赡养的义务。

第四节　离　婚

15. 婚后生活不满一个月女方就要离婚，男方能否要回彩礼？

🔊 典型案例

李小武和异地恋爱一年的女友李萍决定结婚，李小武的家人按照李萍家人的要求提供了彩礼 16 万元，还购买了价值 3 万元的"三金"。两人在李小武的家乡领取了结婚证。婚后，李萍从福建老家来到李小武所在的村庄生活，可是没过几天，李小武左等右等都不见李萍回家吃饭，李萍的电话也关机了。

无奈之下，李小武只好和家人一起到李萍的老家找李萍沟通，李萍表示自己不愿意在李小武的老家生活，而且对公婆和小姑子很是不满。多次沟通后，李萍虽明确表态想要离婚，但认为办了酒席、领了结婚证，不愿意返还彩礼。那么，李小武给李萍的彩礼和"三金"还能要回来吗？

🔍 以案普法

根据《婚姻家庭编司法解释（一）》第 5 条的规定，男女双方未办理结婚登记手续或者办理结婚登记手续但确未共同生活，或者婚前给付导致给付人生活困难，具有这三种情形之一的，给付彩礼一方可以请求对方返还彩礼。严格按此规定的话，案例中李小武的情形不符合其中任何一项。难道李萍就不需要返还彩礼了吗？也不尽然，司法实践中，除了以上三种强制性标准之外，还要考虑一些酌定情节，具体案件具体办理。

本案需要考虑女方想要离婚、彩礼金额较大、二人共同生活时间较短、女方没有怀孕、男方家庭经济条件较差等因素综合判断是否需要返还彩礼以及返还彩礼的标准。本案中，基于双方共同生活不满一个月，如诉至法院，一般会酌定女方返还 90% 左右的彩礼。另外，"三金"也属于彩礼范畴，女方也应当返还。

需要注意的是，李小武要求李萍返还彩礼应当以双方离婚为条件。

⊜ 法律依据

《最高人民法院关于适用〈中华人民共和国民法典〉婚姻家庭编的解释（一）》

第五条 当事人请求返还按照习俗给付的彩礼的，如果查明属于以下情形，人民法院应当予以支持：

（一）双方未办理结婚登记手续；

（二）双方办理结婚登记手续但确未共同生活；

（三）婚前给付并导致给付人生活困难。

适用前款第二项、第三项的规定，应当以双方离婚为条件。

16. 妻子擅自终止妊娠，丈夫能否以侵犯生育权为由要求妻子赔偿？

📢 典型案例

2015 年，农村青年张恒与女友杨可喜结良缘。婚后，二人在村里经营一家小吃店，日子忙碌且充实，很快他们生育了两个女儿，杨可更加操劳了，既要经营店面又要照顾女儿。几年后，两个女儿一个上了小学，一个上了幼儿园，杨可终于可以松口气了，可丈夫和婆婆都想让她再生个男孩，他们认为女孩终究要嫁人靠不住，因此天天催生。但是杨可不乐意，她认为男孩女孩都一样，自己辛苦养大的女儿难道会不给自己养老？为这，夫妻俩没少吵架。

没多久杨可发现自己怀孕了，但她想到家庭现状以及丈夫的不理解，毅然去医院做了人工流产，哪知回家告知丈夫后，引发了更严重的夫妻矛盾。令她始料未及的是，丈夫要求离婚，并且要求自己赔偿。杨可六神无主，她需要对丈夫进行赔偿吗？

🔍 以案普法

根据《婚姻家庭编司法解释（一）》第 23 条的规定，夫以妻擅自中止妊娠侵犯其生育权为由请求损害赔偿的，人民法院不予支持。因此，本案中丈夫张恒以妻子杨可没有征得自己同意私自流产侵犯了自己的生育权为由，要求杨可进行赔偿没有法律依据。但是夫妻任何一方因为是否生育发生纠纷，导致感情确已破裂，可以向法院起诉离婚。

我国法律之所以不支持丈夫的生育权，其法律精神是生育虽是夫妻双方共同决定事项，但更多是由妻子来完成的，应当尊重妻子的生育自由权，保障女性权益。

法律依据

《中华人民共和国民法典》

第一千零七十九条 夫妻一方要求离婚的，可以由有关组织进行调解或者直接向人民法院提起离婚诉讼。

人民法院审理离婚案件，应当进行调解；如果感情确已破裂，调解无效的，应当准予离婚。

有下列情形之一，调解无效的，应当准予离婚：

（一）重婚或者与他人同居；

（二）实施家庭暴力或者虐待、遗弃家庭成员；

（三）有赌博、吸毒等恶习屡教不改；

（四）因感情不和分居满二年；

（五）其他导致夫妻感情破裂的情形。

一方被宣告失踪，另一方提起离婚诉讼的，应当准予离婚。

经人民法院判决不准离婚后，双方又分居满一年，一方再次提起离婚诉讼的，应当准予离婚。

《最高人民法院关于适用〈中华人民共和国民法典〉婚姻家庭编的解释（一）》

第二十三条 夫以妻擅自中止妊娠侵犯其生育权为由请求损害赔偿的，人民法院不予支持；夫妻双方因是否生育发生纠纷，致使感情确已破裂，一方请求离婚的，人民法院经调解无效，应依照民法典第一千零七十九条第三款第五项的规定处理。

17. 母亲与继父离婚，成年后的子女需要赡养继父吗？

🔊 典型案例

20 年前，蒋言带着 5 岁的女儿陈阳和 3 岁的儿子陈光改嫁给丈夫吴为。组建家庭后，夫妇二人没有生育子女，吴为将陈阳和陈光视如己出。为了一家人日子过得好，吴为承包了几十亩土地，起早贪黑地劳作。孩子长大后都各自成了家。

后来，吴为因酗酒经常和蒋言吵架，最终蒋言提出了离婚。离婚后，陈阳与陈光也不再来看望吴为。上了年纪的吴为因腿脚不好不能继续劳作，失去了稳定的经济来源。因为生活很困难，吴为请求村委会调解，要求陈阳和陈光每人每月给自己 500 元生活费，陈阳和陈光却认为，自己不是吴为的孩子，没有义务给其提供养老的费用。陈阳和陈光的想法对吗？

📖 以案普法

本案中，蒋言和吴为结婚时，陈阳和陈光都是未成年人，两个人同吴为生活在一起，受吴为的抚养、照顾和教育，并且四个人的户口也都登记在一个户口本上，户口本上显示的陈阳和陈光与户主吴为的关系是父女和父子。因此，吴为和陈阳、陈光已经形成了继父女、继父子关系。

根据《民法典》第 1072 条规定，继父或者继母和受其抚养教育的继子女间的权利义务关系，适用该法关于父母子女关系的规定。也就是说，法律意义上的继父女、继父子关系等同于亲生子女关系，我们称之为拟制血亲。赡养父母是子女应尽的义务，在父母年老时，子女应当履行对老年人经济上供养、生活上照料和精神上慰藉的义务，子女不履行赡养义务时，无劳动能力或生活困难的父母，有要求子女付给赡养费的权利。在本案中，继父吴为对陈阳和陈光进行过抚养教育，陈阳和陈光对继父吴为有赡养的义务。因此，陈阳和陈光应该给吴为提供合理数额的赡养费。

🔖 法律依据

《中华人民共和国民法典》

第一千零六十七条 父母不履行抚养义务的，未成年子女或者不能独立生活的成年子女，有要求父母给付抚养费的权利。

成年子女不履行赡养义务的，缺乏劳动能力或者生活困难的父母，有要求成年子女给付赡养费的权利。

第一千零六十九条 子女应当尊重父母的婚姻权利，不得干涉父母离婚、再婚以及婚后的生活。子女对父母的赡养义务，不因父母的婚姻关系变化而终止。

第一千零七十二条 继父母与继子女间，不得虐待或者歧视。

继父或者继母和受其抚养教育的继子女间的权利义务关系，适用本法关于父母子女关系的规定。

第一千零八十四条第一款 父母与子女间的关系，不因父母离婚而消除。离婚后，子女无论由父或者母直接抚养，仍是父母双方的子女。

18. 夫妻离婚后，直接抚养子女的一方可以变更孩子的姓氏吗?

典型案例

张川与李若朴在村里经营农家乐餐厅，日子过得殷实富足。婚后第二年儿子张敦出生。因张川父母早逝，没有人帮忙带儿子，李若朴便带着儿子回娘家生活，生意则交给丈夫张川打理。可是慢慢地，李若朴发现丈夫越来越消瘦，意志也逐渐消沉，家里的生意一片萧条。直到有一天，李若朴回家取东西时发现家中的存折、银行卡、首饰都不见了，震惊之余，她找到丈夫，丈夫这才承认自己结交了不良朋友，吸食了毒品，将家中钱财都用在了吸毒上。李若朴欲哭无泪，和丈夫张川办理了离婚手续。

一年后，李若朴带着儿子改嫁，现任丈夫对张敦视如己出，李若朴决定将儿子张敦的姓氏改为继父的姓氏。可谁知，张川知道后竟要求李若朴将儿子的姓氏改回来，否则自己就不再给抚养费，并且要将儿子的抚养权要回。张川的要求合理吗？

以案普法

根据《婚姻家庭编司法解释（一）》第 59 条的规定，父母不得因子女变更姓氏而拒付子女抚养费。父或者母擅自将子女姓氏改为继母或继父姓氏而引起纠纷的，应当责令恢复原姓氏。

本案中，李若朴未经前夫张川同意就擅自变更婚生子张敦的姓氏，侵犯了张川的权利，张川要求李若朴恢复张敦原姓氏的主张具有法律依据。但同时，张川因为变更姓氏而拒不支付儿子抚养费的理由不能成立，因为《民法典》第 1084 条第 1 款和第 2 款规定，父母与子女间的关系，不因父母离婚而消除。离婚后，子女无论由父或者母直接抚养，仍是父母双方的子女。离婚后，父母对于子女仍有抚养、教育、保护的权利和义务。据此，离婚后，孩子仍然是父母双方的孩子，父母也仍然是孩子的父母，这种血缘关系自孩子出生时便已确立，不因父母的离婚和再婚而变化和消除，也基于这种血缘关系、亲权关系，离婚后，不管孩子跟随父母哪一方生活，父母双方对孩子都具有抚养义务，不直接抚养孩子的一方应当支付抚养费。因此，张川因为李若朴变更孩子姓氏就拒付抚养费的理由不成立。

除此以外，张川称要回儿子的抚养权也难以实现。根据《民法典》第 1084 条第 3 款的规定，离婚后，已满两周岁的子女的抚养权首先应由父母双方协议决定，协议不成的，应当由人民法院按照最有利于未成年子女的原则判决。本案中，张敦从出生便跟随母亲生活，已习惯了母亲的陪伴。陪伴是最重要的条件，再结合张川吸毒等情况，张敦跟随母亲生活对其成长最为有利，因此张川变更张敦抚养权的请求不能实现。

📖 法律依据

《中华人民共和国民法典》

第一千零八十四条　父母与子女间的关系，不因父母离婚而消除。离婚后，子女无论由父或者母直接抚养，仍是父母双方的子女。

离婚后，父母对于子女仍有抚养、教育、保护的权利和义务。

离婚后，不满两周岁的子女，以由母亲直接抚养为原则。已满两周岁的子女，父母双方对抚养问题协议不成的，由人民法院根据双方的具体情况，按照最有利于未成年子女的原则判决。子女已满八周岁的，应当尊重其真实意愿。

《最高人民法院关于适用〈中华人民共和国民法典〉婚姻家庭编的解释（一）》

第五十九条　父母不得因子女变更姓氏而拒付子女抚养费。父或者母擅自将子女姓氏改为继母或继父姓氏而引起纠纷的，应当责令恢复原姓氏。

19. 夫妻离婚，爷爷奶奶对孙子有探望权吗?

典型案例

杨仁义和妻子李孝慈婚后到深圳务工，孩子出生后，二人将其留给老家的爷爷奶奶照料，夫妻俩仍然在外工作。转眼间孩子到了该上幼儿园的年纪，丈夫杨仁义主张让孩子在老家上幼儿园，而妻子李孝慈则主张让老人带着孩子来深圳一起生活，为此全家一直协商不下，孩子就凑合在老家上了三年幼儿园。可是眼看孩子就要上一年级了，没有父母的陪伴，仅靠爷爷奶奶已经满足不了孩子的教育需求，但老人不愿离家，丈夫杨仁义也不赞成妻子的主张，左右协商不下，夫妻二人矛盾越发严重。在一次激烈的争吵后，杨仁义动手打了妻子，经鉴定，妻子构成轻伤，看在孩子的面子上，李孝慈谅解了丈夫，但仍然选择了离婚。离婚协议约定儿子由李孝慈抚养，李孝慈将儿子接到深圳上学。

两年后，两位老人思念孙子，千里迢迢从老家来到深圳，想看看孙子，可是他们又不愿联系李孝慈，准备直接到孙子的学校去探望，请问两位老人对孙子有探望权吗？

以案普法

《民法典》第1086条第1款规定，离婚后，不直接抚养子女的父或者母，有探望子女的权利，另一方有协助的义务。根据该条规定，探望权的行使主体是不直接抚养子女的父或者母一方，法律并未赋予爷爷奶奶、外公外婆直接的探望权。因此，本案中爷爷奶奶对孙子没有法定探望权，但是可以变通探望，如和孩子的父亲一起探望，或者在离婚协议约定孩子父亲周末或者法定节假日将孩子带走一段时间，即带走探视的情形下探望孩子。

法律依据

《中华人民共和国民法典》

第一千零八十六条　离婚后，不直接抚养子女的父或者母，有探望子女的权利，另一方有协助的义务。

行使探望权利的方式、时间由当事人协议；协议不成的，由人民法院判决。

父或者母探望子女，不利于子女身心健康的，由人民法院依法中止探望；中止的事由消失后，应当恢复探望。

《最高人民法院关于适用〈中华人民共和国民法典〉婚姻家庭编的解释（一）》

第六十八条 对于拒不协助另一方行使探望权的有关个人或者组织，可以由人民法院依法采取拘留、罚款等强制措施，但是不能对子女的人身、探望行为进行强制执行。

20. 夫妻离婚时约定共同债务由一方偿还，债权人能要求另一方偿还吗？

📢 **典型案例**

李常与杨明夫妻俩因为感情不和，无法共同生活，杨明起诉到法院要求离婚。经过法官多次调解，双方达成了调解协议，法院根据调解协议出具了民事调解书，调解书第三条关于夫妻共同债务载明：夫妻共同生活期间，因经营养鸡场所欠农村商业银行贷款 10 万元及利息由丈夫李常负责偿还；因经营鱼塘所欠朋友 8 万元由妻子杨明负责偿还。

离婚后，杨明便来到城镇一家早餐店打工，两年后通过自己的辛勤劳动将 8 万元债务还清。杨明想着终于可以喘口气了，可就在这时却收到了一份农村商业银行的催收通知书，要求她偿还 2018 年的贷款 10 万元以及利息。杨明没有理会，但不久后她就收到了法院的传票以及民事裁定书，原来农村商业银行到法院起诉杨明要求还款并且申请法院冻结了杨明的工资卡账户，而工资卡上的 2 万元是杨明准备给父亲看病用的。

这下杨明急了，她心想，和前夫是在法院办理的离婚手续，法院的民事调解书说得很清楚，农村商业银行的债务由李常负责偿还，但现在农村商业银行却要求她还钱，法院也冻结了她的账户，这是合理的吗？

📖 以案普法

《婚姻家庭编司法解释（一）》第 35 条第 1 款规定，当事人的离婚协议或者人民法院生效判决、裁定、调解书已经对夫妻财产分割问题作出处理的，债权人仍有权就夫妻共同债务向男女双方主张权利。因此，本案中法院民事调解书中夫妻关于共同债务的约定对抗不了债权人农村商业银行，农村商业银行有权要求杨明偿还债务，法院也有权冻结杨明的工资卡账户。

这里就需要给大家讲讲法院民事调解书的形成背景：夫妻一方将对方起诉到法院要求离婚，法院先要组织夫妻双方进行调解，调解的内容包含是否同意离婚，抚养权、抚养费、探望权问题，夫妻共同财产及债务的分割处理等方面，在夫妻双方就上述内容协商一致的情况下，法院会审查协商结果有没有违法、有没有影响案外人利益（如夫妻双方将一方父母的房子进行了分割），如果没有，法院则会根据协商的结果出具民事调解书。双方签收民事调解书之日，调解书生效，婚姻关系解除。

简单来说，民事调解书实质是法院对夫妻自行协商结果的确认。协商是夫妻双方自愿的，达成的结果是双方真实意思的体现，只要不影响他人利益，法院并不干预协商结果。

因此，本案中虽然法院民事调解书中载明欠农村商业银行的债务由李常负责偿还，但这个调解书却是李常与杨明协商一致的结果，仅仅对李常与杨明产生约束力，并不能约束农村商业银行。因此，农村商业银行有权利要求夫妻二人连带清偿夫妻共同债务，有权利要求杨明偿还全部债务，有权利申请法院冻结杨明的工资卡账户。

但是我国法律并不是不保护杨明的利益，根据《婚姻家庭编司法解释（一）》第 35 条第 2 款规定，一方就夫妻共同债务承担清偿责任后，主张由另一方按照离婚协议或者人民法院的法律文书承担相应债务的，人民法院应予支持。据此，杨明可依据民事调解书，就自己实际偿还农村商业银行的款项要求李常偿还给自己。

⊟ 法律依据

《中华人民共和国民法典》

第一千零八十条 完成离婚登记，或者离婚判决书、调解书生效，即解除婚姻关系。

《最高人民法院关于适用〈中华人民共和国民法典〉婚姻家庭编的解释（一）》

第三十五条　当事人的离婚协议或者人民法院生效判决、裁定、调解书已经对夫妻财产分割问题作出处理的，债权人仍有权就夫妻共同债务向男女双方主张权利。

一方就夫妻共同债务承担清偿责任后，主张由另一方按照离婚协议或者人民法院的法律文书承担相应债务的，人民法院应予支持。

21. 儿子多番阻拦父亲再婚，这种做法对吗？

🔊 **典型案例**

多年前赵立国的母亲去世，父亲赵涛独自生活在农村老家。后来赵涛和村里的一位王阿姨相处融洽，想要结为伴侣。赵立国听说后不同意，要求父亲和这位王阿姨断了联系，并要带父亲进城生活。父亲坚持要和王阿姨在一起，赵立国便将父亲领取养老金的工资卡拿走。

去年，父亲和王阿姨结婚，赵立国更是三番五次回老家闹事，拒绝把工资卡还给父亲，认为王阿姨与父亲结婚是图谋自家财产，并表示如果父亲不与王阿姨离婚自己就拒绝赡养父亲，赵涛不论怎么和儿子解释都无济于事。赵立国的做法是合法的吗？

🔍 以案普法

婚姻自由包括结婚自由和离婚自由，这是宪法赋予公民的一项基本权利。本案中的父亲赵涛享有婚姻自由的权利，当然可以自主决定自己的婚姻。《民法典》第 1069 条规定，子女应当尊重父母的婚姻权利，不得干涉父母离婚、再婚以及婚后的生活。子女对父母的赡养义务，不因父母的婚姻关系变化而终止。

敬老孝老是我们中华民族的传统美德，尊敬和孝顺老人不仅包括金钱上的支持还包括精神上的抚慰，年迈的父母在晚年有伴侣陪伴和照顾是有必要的，要站在尊重和包容的立场上看待老年人寻求伴侣、渴望陪伴的正常需求。如果子女担心老人的经济财产受到损失，可以与老人平心静气地坐下来沟通解释，以维护老人权益为目的，帮助老人通过签订夫妻财产约定、共设监管账户等方式解决。

本案中，赵立国妨碍父亲恋爱和结婚自由、试图强行带父亲进城、拿走父亲工资卡、父亲再婚后不履行赡养义务的行为都是违法行为。其中，拿走父亲工资卡、不给父亲生活费、不给父亲看病的行为，如情节恶劣，有可能涉嫌遗弃罪，要追究其刑事责任。

🔖 法律依据

《中华人民共和国民法典》

第一千零六十九条 子女应当尊重父母的婚姻权利，不得干涉父母离婚、再婚以及婚后的生活。子女对父母的赡养义务，不因父母的婚姻关系变化而终止。

《中华人民共和国刑法》

第二百六十一条 对于年老、年幼、患病或者其他没有独立生活能力的人，负有扶养义务而拒绝扶养，情节恶劣的，处五年以下有期徒刑、拘役或者管制。

《中华人民共和国老年人权益保障法》

第二十一条 老年人的婚姻自由受法律保护。子女或者其他亲属不得干涉老年人离婚、再婚及婚后的生活。

赡养人的赡养义务不因老年人的婚姻关系变化而消除。

22. 离婚冷静期过后一方没有去民政局申请发给离婚证，离婚协议有效吗?

📢 典型案例

2018 年，60 岁的李大爷与 58 岁的杨阿姨黄昏恋修成正果，双方约定李大爷婚后生活在女方家。领取结婚证后，两人将杨阿姨家原有的宅基地自建房拆除，建起了三层小楼，生活平静幸福。但是杨阿姨的儿子却时常干涉两位老人的生活，有一次因为新农合报销问题两位老人发生了争执，杨阿姨的儿子动手打了李大爷，李大爷的儿子气不过，要求杨阿姨的儿子赔礼道歉，之后双方越闹越凶，两位老人没有办法共同生活，只得协议离婚。

经村委会多次调解，双方初步达成一致方案：两位老人共有的农村三层楼房以及房内所有家具家电归杨阿姨所有，杨阿姨补偿李大爷 10 万元，一年内付清。

之后双方于 2021 年 8 月 8 日到民政局申请离婚，并签订了离婚协议书，约定 2021 年 9 月 9 日到民政局领取离婚证。可到了领离婚证的那天，杨阿姨到民政局后左等右等始终不见李大爷。那么，李大爷虽没来领证，但离婚协议书上有其签名，离婚协议有效吗？

以案普法

《民法典》第 1077 条规定，自婚姻登记机关收到离婚登记申请之日起三十日内，任何一方不愿意离婚的，可以向婚姻登记机关撤回离婚登记申请。前述规定期限届满后三十日内，双方应当亲自到婚姻登记机关申请发给离婚证；未申请的，视为撤回离婚登记申请。

本案中，李大爷和杨阿姨于 2021 年 8 月 8 日到民政局申请离婚，根据上述规定，李大爷和杨阿姨任何一方反悔不同意离婚的话，有两次撤回离婚申请的机会。第一次叫作主动撤回，即双方任何一方可以自 2021 年 8 月 8 日到 2021 年 9 月 6 日这 30 日内主动到婚姻登记机关撤回离婚登记申请。

前文这 30 日届满后，离婚登记申请没有撤回的话，夫妻双方应当于下一个 30 日内（从 2021 年 9 月 7 日至 2021 年 10 月 6 日）共同到婚姻登记机关申请发给离婚证，若任何一方没有到场，视为撤回离婚登记申请。这就是第二次撤回，又称为被动撤回。

本案中，从 2021 年 8 月 8 日到 2021 年 9 月 6 日第一个 30 日内双方都没有主动撤回申请，那么从 2021 年 9 月 7 日至 2021 年 10 月 6 日第二个 30 日内，双方应当共同到婚姻登记机关申请发给离婚证。案件中双方约定 2021 年 9 月 9 日去领取离婚证，但最终李大爷没有到场，按照上述规定，视为李大爷撤回离婚登记申请，婚就没有离成。

根据《婚姻家庭编司法解释（一）》第 69 条的规定，如果双方离婚未成，一方在离婚诉讼中反悔的，人民法院应当认定该财产以及债务处理协议没有生效。据此，离婚协议应自领取离婚证之日起发生法律效力。本案中，双方没有领取离婚证，离婚协议书就没有生效。如果双方仍然坚持离婚，可以通过到法院起诉的方式解决，法院会依据法律规定对共同财产进行合理分割。

法律依据

《中华人民共和国民法典》

第一千零七十七条 自婚姻登记机关收到离婚登记申请之日起三十日内，任何一方不愿意离婚的，可以向婚姻登记机关撤回离婚登记申请。

前款规定期限届满后三十日内，双方应当亲自到婚姻登记机关申请发给离婚证；未申请的，视为撤回离婚登记申请。

第一千零七十八条 婚姻登记机关查明双方确实是自愿离婚，并已经对子女抚养、财产以及债务处理等事项协商一致的，予以登记，发给离婚证。

第一千零八十条 完成离婚登记，或者离婚判决书、调解书生效，即解除婚姻关系。

《最高人民法院关于适用〈中华人民共和国民法典〉婚姻家庭编的解释（一）》

第六十九条 当事人达成的以协议离婚或者到人民法院调解离婚为条件的财产以及债务处理协议，如果双方离婚未成，一方在离婚诉讼中反悔的，人民法院应当认定该财产以及债务处理协议没有生效，并根据实际情况依照民法典第一千零八十七条和第一千零八十九条的规定判决。

当事人依照民法典第一千零七十六条签订的离婚协议中关于财产以及债务处理的条款，对男女双方具有法律约束力。登记离婚后当事人因履行上述协议发生纠纷提起诉讼的，人民法院应当受理。

23. 夫妻一方常年在外打工，离婚时在家照顾老小一方能够要求补偿吗?

📢 典型案例

2013年，农村小伙张安平与邻村姑娘李乐喜结良缘。2014年孩子出生后，李乐便辞职在家照顾孩子以及公婆，而张安平一直在城里打工。自2019年开始，张安平给李乐打的电话越来越少，往家里寄的钱也越来越少，并且张安平经常和亲戚朋友说自己在外边干了大生意，让大家都来跟着挣钱。李乐不放心就去城里找丈夫，她在一栋居民楼里见到了丈夫，丈夫把他现在干的事说得天花乱坠，并且让李乐把家里的钱也都投进来。

李乐感觉丈夫被传销组织套牢了，便找机会溜走并报了案，公安机关迅速将这个传销窝点端掉。丈夫张安平因为级别低、加入时间短，没有被追究刑事责任，但是张安平却不愿跟李乐回家，并且说不想过之前的生活了，不管李乐怎么恳求，张安平坚持要离婚。

2021年，李乐心灰意冷，不想再耗下去，于是和张安平协议离婚，李乐心想：自己这么多年在家照顾老人和小孩，能不能向张安平要点补偿款?

🔍 以案普法

根据《民法典》第 1088 条规定，夫妻一方因抚育子女、照料老年人、协助另一方工作等负担较多义务的，离婚时有权向另一方请求补偿，另一方应当给予补偿。本案中，张安平和李乐于 2013 年结婚，婚后第二年李乐便辞职在家照顾孩子和老人，直到 2021 年离婚，李乐将全部精力投入家庭中，对家庭负担了较多义务，离婚时可以向张安平主张离婚家务补偿款。至于补偿款的具体金额，双方可先行协商，无法协商一致的，由人民法院判决。

民法典设立离婚家务补偿制度的初衷就是弥补像本案中妻子李乐这种结婚后全职在家，为家庭利益牺牲掉个人发展的机会，为家庭和家人付出较多的人。他们的奉献和付出是有价值的，应当得到认可，而且离婚后他们可能需要较长一段时间才能重新和社会接轨，因此，给予他们适当补偿才是公平合理的，符合社会主义核心价值观要求。

➡️ 法律依据

《中华人民共和国民法典》

第一千零八十八条　夫妻一方因抚育子女、照料老年人、协助另一方工作等负担较多义务的，离婚时有权向另一方请求补偿，另一方应当给予补偿。具体办法由双方协议；协议不成的，由人民法院判决。

24. 离婚后发现对方在婚姻期间购买了大额保险，还能要求分割这些保险吗？

📢 典型案例

农村小伙赵根来到城市一家四星级酒店打工，勤快踏实的他从勤杂工逐渐升任后勤科长，后来又自学酒店管理，升任大堂经理。

后来，赵根认识了总经理的女儿李静，两个人一见钟情，很快就结婚组建了家庭。可随着婚后的日子越来越平淡，赵根忍受不了李静的大小姐脾气，而李静嫌弃出身农村的赵根不懂风情，两个人经常因为各种琐事吵架。两年后，两人决定不再彼此消耗，于是到民政局办理了协议离婚手续。

离婚后的一天，李静收到了一条保险公司的信息，内容是李静在刚结婚的时候购买了某人身保险，本期生存金3800元已转入李静保险公司个人账户。李静这才想起来，她和赵根结婚后，自己手头有点闲钱，便买了三份人身保险，这三份保险的保险费都是趸交，总共交了28万元，被保险人和受益人都是李静。赵根得知此事后，便找到李静，要求分割这些保险，李静一时心里没底，不知道该不该分？

以案普法

本案中，李静于结婚后购买了三份人身保险，缴纳保险费 28 万元，该 28 万元是李静与赵根的夫妻共同财产，共同财产在离婚时应当合理分割。但是本案的特殊之处有两点，一是该共同财产 28 万元资金在离婚时已经不存在，转化为李静购买的三份人身保险。人身保险具有很强的人身属性，保障的是被保险人的健康和生命，基于此，保险本身不能分割。但是保险合同也具有一定的财产属性，也就是我们通常所说的保险单的现金价值。本案中，赵根可以要求分割三份保险的现金价值。

二是赵根和李静的离婚协议上并没有体现三份保险，离婚后赵根才得知李静在婚姻期间购买了保险，但这个时候两个人已经离婚了，赵根还能够要求分割保险的现金价值吗？

根据《婚姻家庭编司法解释（一）》第 83 条规定，离婚后，一方以尚有夫妻共同财产未处理为由向人民法院起诉请求分割的，经审查该财产确属离婚时未涉及的夫妻共同财产，人民法院应当依法予以分割。据此，离婚后只要存在夫妻共同财产没有分割的情况，双方均可以对此财产要求分割。

因此，赵根无权要求分割李静购买的三份人身保险，但可以要求分割三份人身保险的现金价值。

⊫ 法律依据

《最高人民法院关于适用〈中华人民共和国民法典〉婚姻家庭编的解释（一）》

第八十三条　离婚后，一方以尚有夫妻共同财产未处理为由向人民法院起诉请求分割的，经审查该财产确属离婚时未涉及的夫妻共同财产，人民法院应当依法予以分割。

25. 夫妻签订婚内财产协议，约定共有房产归一方所有，离婚期间另一方却不愿过户，该如何处理？

⊷ 典型案例

李信和杨飘风小两口承包了几百亩藕塘，后来又加入了莲藕合作社，还为出产的莲藕申请了知名品牌商标，几年下来，日子越过越红火，年收入几百万元。为了让孩子接受更好的教育，夫妻俩便在城市购买了一套学区房。

后来，李信迷上了网络赌博，被妻子发现后给妻子出具了保证书，内容是保证不再赌博，若再赌博将离婚并净身出户。另外，两人还签订了一份协议，约定离婚时共有的学区房归妻子所有。

去年，杨飘风发现李信还在赌博，于是下定决心离婚。在协议离婚过程中，她要求李信根据协议将共有的学区房过户给自己。但是李信不同意过户，也不同意离婚。

杨飘风想知道，李信给自己写的保证书还有双方签订的协议合法有效吗？能不能要求李信将房产过户给自己？

🔍 以案普法

本案中，杨飘风和李信在结婚后购买了城市学区房，该房产属于夫妻二人的共同财产。双方签订协议书，协议书的内容是离婚时共有的学区房归妻子所有。根据《民法典》第1065条规定，男女双方可以约定婚姻关系存续期间所得的财产以及婚前财产归各自所有、共同所有或者部分各自所有、部分共同所有。约定应当采用书面形式。

据此，本案中杨飘风和李信签订的协议书的实质是夫妻财产约定，协议书是双方自愿签订的，内容也没有违反法律规定，因此协议书合法有效。杨飘风可以要求李信将房产过户给自己。

另外，本案中除协议外，李信还给杨飘风写了一份保证书，承诺若再赌博将离婚并净身出户。在司法实践中，类似的保证书、承诺书等能否作为财产分割依据，各地法院裁判意见不统一。有些法院认为，该类保证书是一方自愿书写的，但是净身出户是以离婚为条件，限制了一方的婚姻自由，违反了我国法律规定，因此是无效的，所以仍然按照法定方式分割夫妻共同财产。

📖 法律依据

《中华人民共和国民法典》

第一千零六十二条　夫妻在婚姻关系存续期间所得的下列财产，为夫妻的共同财产，归夫妻共同所有：

（一）工资、奖金、劳务报酬；

（二）生产、经营、投资的收益；

（三）知识产权的收益；

（四）继承或者受赠的财产，但是本法第一千零六十三条第三项规定的除外；

（五）其他应当归共同所有的财产。

夫妻对共同财产，有平等的处理权。

第一千零六十三条　下列财产为夫妻一方的个人财产：

（一）一方的婚前财产；

（二）一方因受到人身损害获得的赔偿或者补偿；

（三）遗嘱或者赠与合同中确定只归一方的财产；

（四）一方专用的生活用品；

（五）其他应当归一方的财产。

第一千零六十五条　男女双方可以约定婚姻关系存续期间所得的财产以及婚前财产归各自所有、共同所有或者部分各自所有、部分共同所有。约定应当采用书面形式。没有约定或者约定不明确的，适用本法第一千零六十二条、第一千零六十三条的规定。

夫妻对婚姻关系存续期间所得的财产以及婚前财产的约定，对双方具有法律约束力。

夫妻对婚姻关系存续期间所得的财产约定归各自所有，夫或者妻一方对外所负的债务，相对人知道该约定的，以夫或者妻一方的个人财产清偿。

26. 夫妻一方承诺将婚前房产赠与另一方，离婚期间反悔，受赠方可以要求过户吗？

典型案例

张朝雨与妻子杨田结婚一年后，杨田怀孕了，可在怀孕期间，杨田发现丈夫使用某交友软件聊天并有了婚外情，在丈夫的多番恳求下杨田原谅了他。但没过多久，杨田发现丈夫还在和对方保持联系，这一次丈夫表示自己一定痛改前非，为了让妻子安心养胎，还给妻子写了一份承诺书：将自己婚前购买的某房产赠送给妻子。伤心欲绝的杨田不忍将孩子流产，还是选择了原谅丈夫。

孩子出生后，在哺乳期内，杨田再次发现丈夫和婚外情对象的聊天记录，知道丈夫仍然没有悔改。这一次，杨田彻底死心，决定离婚。在和丈夫协议离婚时，她要求丈夫将承诺书中提到的婚前房产过户给自己，但是丈夫却一改往常态度，称该房产是自己的婚前个人财产，不同意过户给杨田。

杨田能够要求张朝雨将该房产过户给自己吗？

以案普法

本案中，张朝雨在和杨田结婚后，承诺将自己的婚前房产赠送给杨田，双方之间是赠与合同法律关系。根据《婚姻家庭编司法解释（一）》第 32 条规定，婚前或者婚姻关系存续期间，当事人约定将一方所有的房产赠与另一方或者共有，赠与方在赠与房产变更登记之前撤销赠与，另一方请求判令继续履行的，人民法院可以按照《民法典》第 658 条的规定处理，即赠与人在赠与财产的权利转移之前可以撤销赠与。

案件中张朝雨仅仅给杨田写了一份承诺书，并没有办理过户登记手续，也没有办理公证。因此，张朝雨作为赠与人具有任意撤销权，可以撤销赠与。

我国法律之所以赋予赠与人任意撤销权是因为赠与是无偿的，在不影响受赠人利益的前提下，允许赠与人反悔符合公平原则。但如果对任意撤销权不加限制，则等于赠与合同无任何约束力。因此，对赠与的任意撤销设置适当的限制是有必要的。根据《民法典》第 658 条第 2 款的规定，赠与一旦办理了公证或者具有公益、道德义务性质，赠与人便不得随意撤销。

法律依据

《中华人民共和国民法典》

第六百五十八条 赠与人在赠与财产的权利转移之前可以撤销赠与。

经过公证的赠与合同或者依法不得撤销的具有救灾、扶贫、助残等公益、道德义务性质的赠与合同，不适用前款规定。

《最高人民法院关于适用〈中华人民共和国民法典〉婚姻家庭编的解释（一）》

第三十二条 婚前或者婚姻关系存续期间，当事人约定将一方所有的房产赠与另一方或者共有，赠与方在赠与房产变更登记之前撤销赠与，另一方请求判令继续履行的，人民法院可以按照民法典第六百五十八条的规定处理。

27. 婚前房产婚后出租，离婚时另一方能够分得租金吗？

典型案例

李明与妻子万智结婚后生育了儿子李福，李明给儿子申报了宅基地，村里划拨后，李明与万智夫妇便开始建房，之后一家人高高兴兴地搬到新房居住。

　　为响应美丽乡村政策，村里鼓励村民开办农家乐、经营民宿，并且和村民商量，如果村民自己不愿意经营，可以将闲置住房租给村里，由村里统一经营。李明与妻子商量后便将自己婚前的旧房租给村委会，每年租金 12000 元，每隔三年上涨 3%。

　　可好日子没过几年，李明便经常夜不归宿，并且开始酗酒，酒后无法控制自己的言行。这样的生活让万智疲惫不堪，决定和李明离婚。在协议离婚的过程中，万智提到要求分割房屋租金，李明不同意，称房子是他的婚前个人财产，租金当然也是他的个人财产，不同意分给万智。

　　那么，万智能够分得租金吗？

🔍 以案普法

　　本案中，出租给村委会的房产是李明与万智结婚前李明的个人财产，根据《婚姻家庭编司法解释（一）》第25 条的规定，婚姻关系存续期间，一方以个人财产投资取得的收益属于《民法典》第 1062 条规定的"其他应当归共同所有的财产"。《婚姻家庭编司法解释（一）》第 26 条规定，夫妻一方个人财产在婚后产生的收益，除孳息和自然增值外，应认定为夫妻共同财产。因此，案件中的房产虽是李明的个人财产，不因婚姻关系的延续而转化为夫妻共同财产，但是一方个人财产在婚后所产生的收益，除孳息和自然增值外，则属于夫妻共同财产，在离婚时可以要求分割。因此，案件中的妻子万智可以要求李明分给自己部分租金。

至于万智具体可以分得多少钱或者多少比例，则要根据具体案情具体分析，如万智是否对出租的房产进行装修、修缮、管理、维护、添附等使房产增值的行为，或者有其他对房产作出贡献的行为，从而确定具体金额或比例。

法律依据

《中华人民共和国民法典》

第一千零六十二条 夫妻在婚姻关系存续期间所得的下列财产，为夫妻的共同财产，归夫妻共同所有：

（一）工资、奖金、劳务报酬；

（二）生产、经营、投资的收益；

（三）知识产权的收益；

（四）继承或者受赠的财产，但是本法第一千零六十三条第三项规定的除外；

（五）其他应当归共同所有的财产。

夫妻对共同财产，有平等的处理权。

第一千零六十三条 下列财产为夫妻一方的个人财产：

（一）一方的婚前财产；

（二）一方因受到人身损害获得的赔偿或者补偿；

（三）遗嘱或者赠与合同中确定只归一方的财产；

（四）一方专用的生活用品；

（五）其他应当归一方的财产。

《最高人民法院关于适用〈中华人民共和国民法典〉婚姻家庭编的解释（一）》

第二十五条 婚姻关系存续期间，下列财产属于民法典第一千零六十二条规定的"其他应当归共同所有的财产"：

（一）一方以个人财产投资取得的收益；

（二）男女双方实际取得或者应当取得的住房补贴、住房公积金；

（三）男女双方实际取得或者应当取得的基本养老金、破产安置补偿费。

第二十六条 夫妻一方个人财产在婚后产生的收益，除孳息和自然增值外，应认定为夫妻共同财产。

第三十一条 民法典第一千零六十三条规定为夫妻一方的个人财产，不因婚姻关系的延续而转化为夫妻共同财产。但当事人另有约定的除外。

28. 父母支付购房首付款，购房合同由儿子、儿媳签订，离婚时儿媳能够分得房产吗？

🔊 **典型案例**

2016 年 3 月，王老汉看中了市区某小区 2 号楼 2 单元

2 楼西户房产，于是交了首付款 10 万元，签订了房屋买卖合同。2017 年 3 月交房时，王老汉对 2 楼西户户型不满意，于是和开发商协商更换成 3 号楼 3 单元 3 楼东户房产。协商期间，王老汉的儿子王渊结婚了，于是王老汉就让儿子和儿媳签订了 3 楼东户的房屋买卖合同，并且办理了公积金贷款手续，贷款 20 万元。

几年后，儿媳起诉要求离婚。这个房子是王老汉在儿子结婚前就交了首付款的，他和老伴也一直生活在这里，房贷还款也均由王渊支付。那么，儿媳在离婚时能分得这套房产吗？

📖 以案普法

本案中，王渊与妻子结婚后签订商品房买卖合同并办理公积金贷款手续，该房产是二人的夫妻共同财产，但是本案特殊之处在于，王老汉早在 2016 年 3 月就已经支付了购房首付款 10 万元。《婚姻家庭编司法解释（一）》第 29 条第 1 款规定，当事人结婚前，父母为双方购置房屋出资的，该出资应当认定为对自己子女个人的赠与，但父母明确表示赠与双方的除外。王老汉的出资是在王渊结婚前，而且王老汉并没有明确表示该出资是赠与王渊夫妻两个人的，因此该出资是王老汉对儿子王渊的个人赠与。

因此本案中的房产权属实际上是由两部分组成，一部分是王渊的个人所有部分，另一部分是王渊与妻子的共有部分，妻子可以分割共有部分，得到自己的份额。

至于本案的房产权属问题，基于王老汉支付首付款、王渊偿还贷款、王渊一家人现居住于该房产的情况，房产归王渊所有更为适宜，但是王渊应当向妻子支付她那部分房产份额的补偿款。

法律依据

《最高人民法院关于适用〈中华人民共和国民法典〉婚姻家庭编的解释（一）》

第二十九条　当事人结婚前，父母为双方购置房屋出资的，该出资应当认定为对自己子女个人的赠与，但父母明确表示赠与双方的除外。

当事人结婚后，父母为双方购置房屋出资的，依照约定处理；没有约定或者约定不明确的，按照民法典第一千零六十二条第一款第四项规定的原则处理。

29. 以岳父的名义购买单位政策性房改房，离婚时房产怎么分？

典型案例

城市姑娘李朴下乡支教时认识了返乡创业的农村小伙张谷，二人一见钟情，很快他们就领取了结婚证。李朴支教期满后，张谷选择陪伴妻子到城市生活。

为鼓励对单位作出特殊贡献的员工，李朴父亲李德的单位通知在单位工作 15 年以上、主任以上级别、副高级以上职称的正式员工有资格购买单位政策性房改房，并且单位会对符合条件的员工进行一定数额的补贴。李德各方面条件均具备，但他自己已经有了一套房产，于是问女儿女婿是否同意购买，李朴夫妇俩当即表示同意。

于是，夫妇二人以李德的名义购买了某房产，购房合同、房产证、契税、维修基金等均是李德的名字，但是购房资金却是由张谷、李朴夫妇经多方筹措后支付的。房产交付后，夫妇二人进行了装修，实际入住。

几年后，夫妇二人因性格不合，协议离婚。张谷要求分割该房产，李朴认为房子登记在父亲李德名下，没有父亲的购房资格以及父亲单位补贴的款项，她和张谷根本买不到这套房，所以不同意分割房产。那么，这套房究竟该怎么分？

📖 以案普法

本案中，某房产是李朴父亲李德单位的政策性房改房，登记在李德名下，而购房款除李德单位补贴部分外，剩余款项是张谷、李朴用夫妻共同财产出资的。根据《婚姻家庭编司法解释（一）》第 79 条规定，婚姻关系存续期间，双方用夫妻共同财产出资购买以一方父母名义参加房改的房屋，登记在一方父母名下，离婚时另一方主张按照夫妻共同财产对该房屋进行分割的，人民法院不予支持。购买该房屋时的出资，可以作为债权处理。

也就是说，本案中的房产应当归李德所有，不属于张谷、李朴二人的夫妻共同财产，不能纳入夫妻共同财产进行分割。但是，购买该房屋的出资却是二人的夫妻共同财产。因此房屋归李德所有，李德应当将购房款返还给张谷和李朴，也就是说，张谷有权要求李德返还部分购房款项。

我国法律这样规定的原因有两个：一是房屋权属可以通过不动产登记簿进行查询，不动产登记簿具备公信力，无论房屋内在的出资情况是怎么样的，对外而言，维护不动产登记簿的公信力、维护交易安全是首要的。二是如果法律的天平向李朴和张谷倾斜，房产归二人所有的话，就会纵容一些人投机取巧、钻政策和法律的空子，有违诚信原则，与社会主义核心价值观不符。

🔖 法律依据

《最高人民法院关于适用〈中华人民共和国民法典〉婚姻家庭编的解释（一）》

第七十九条　婚姻关系存续期间，双方用夫妻共同财产出资购买以一方父母名义参加房改的房屋，登记在一方父母名下，离婚时另一方主张按照夫妻共同财产对该房屋进行分割的，人民法院不予支持。购买该房屋时的出资，可以作为债权处理。

30. 离婚期间，夫妻一方能否分割另一方继承的宅基地上的自建房？

📢 典型案例

路清与邻村姑娘庄宁结婚后便到城市打工，路清的父母则在老家承包了几千亩农田种植花生。经过多年的辛勤劳作，老两口将自己宅基地上原有的房子拆除，新建了漂亮的三层楼房。

后来，庄宁干起了舞蹈直播，一开播就是彻夜工作，孩子也顾不上管，慢慢地夫妻感情越来越差，路清父母也多次劝说庄宁，但庄宁就是听不进去。一年后，路清的父母相继去世，庄宁仍然不顾家庭，这让路清倍感失望，于是他决定和庄宁离婚。协议阶段庄宁提出要分割路清父母留下的三层楼房，路清不同意，称父母生前留有遗嘱，遗嘱说得很明白，房产归路清所有。而庄宁却说，结婚之后路清继承的财产属于夫妻共同财产，也有她的一部分。

那么，庄宁能否分割该房产？

🔍 以案普法

本案中的三层楼房是路清父母在农村宅基地上的自建房，路清父母对三层楼房拥有所有权。在路清与庄宁婚姻关系存续期间，路清继承了该房产，路清继承的财产属于路清与庄宁的夫妻共同财产。但本案的特殊之处在于路清父母生前留下了遗嘱，遗嘱载明三层楼房归路清所有。根据《民法典》第 1063 条规定，遗嘱或者赠与合同中确定只归一方的财产为夫妻一方的个人财产。

据此，该遗嘱就排除掉了法定继承的适用，案件中的三层楼房属于路清的个人财产，庄宁无权要求分割。

我国法律之所以这样规定，在于尊重死者的意愿，死者生前可以通过设立遗嘱的方式处分个人合法财产，法律应当充分保护每个人意思自治的权利，只有在死者没有作出意思表示的情况下，法律才能介入，适用法定继承制度。

法律依据

《中华人民共和国民法典》

第一千零六十二条　夫妻在婚姻关系存续期间所得的下列财产，为夫妻的共同财产，归夫妻共同所有：

（一）工资、奖金、劳务报酬；

（二）生产、经营、投资的收益；

（三）知识产权的收益；

（四）继承或者受赠的财产，但是本法第一千零六十三条第三项规定的除外；

（五）其他应当归共同所有的财产。

夫妻对共同财产，有平等的处理权。

第一千零六十三条　下列财产为夫妻一方的个人

财产：

（一）一方的婚前财产；

（二）一方因受到人身损害获得的赔偿或者补偿；

（三）遗嘱或者赠与合同中确定只归一方的财产；

（四）一方专用的生活用品；

（五）其他应当归一方的财产。

第二章

收养法律问题

1. 夫妇俩婚后无子，想收养孩子的话应当具备哪些条件？

📣 典型案例

张小国和女朋友李萌萌从农业大学毕业后便回乡种植有机蔬菜，收入颇丰。两年后，二人领取了结婚证。

婚后妻子便开始备孕，可是结婚至今已有五年，两人都已经30多岁了，一直没有要上孩子。夫妻俩因此压力很大，张小国的父母也很着急，最后二人决定收养一个孩子。在征得父母的同意后，二人找到了当地的儿童福利院，想通过福利院收养一个1周岁左右的孩子。张小国夫妇二人的愿望能实现吗？

🔍 以案普法

我国《民法典》对收养人、送养人以及收养程序和形式都有严格要求，只有收养人、送养人具备一定的条件，收养程序合法，形式完备，这样的收养行为才合法有效，才能受到法律保护。

根据《民法典》第1098条的规定，收养人需要同时具备无子女或者只有一名子女，有抚养、教育和保护被收养人的能力，无在医学上认为不应当收养子女的疾病，无不利于被收养人健康成长的违法犯罪记录以及年满30周岁这五个条件。案例中的张小国和李萌萌，一是婚后无子女；二是收入较高，能够满足子女成长教育需求；三是夫妇身体健康，没有不适宜收养子女的疾病；四是大学毕业、学历高素质高、没有违法犯罪记录；五是夫妻都已经年满30周岁。对于前述五个条件，张小国和李萌萌夫妇都已经满足，因此具备收养未成年人的条件。

而且根据《民法典》第1101条规定，有配偶者收养子女，还应当共同收养。本案中的张小国和李萌萌夫妇同心同德，二人也愿意共同收养子女。该项条件也具备。

《民法典》除对收养人条件作出明确要求外，还对送养人条件作出明确要求。根据《民法典》第1094条规定，儿童福利机构可以作为送养人。张小国和李萌萌到当地的儿童福利院收养孩子，也符合法律规定。但是，根据《民法典》第1105条规定，收养应当向县级以上人民政府民政部门登记。收养关系自登记之日起成立。收养查找不到生父母的未成年人的，办理登记的民政部门应当在登记前予以公告。本案中，如果张小国和李萌萌在福利院收养孩子，那么二人应当向当地县级以上民政局登记，如果收养的孩子属于查找不到生父母的孩子，在登记前民政局还应当进行公告。

法律依据

《中华人民共和国民法典》

第一千零九十四条 下列个人、组织可以作送养人：

（一）孤儿的监护人；

（二）儿童福利机构；

（三）有特殊困难无力抚养子女的生父母。

第一千零九十八条　收养人应当同时具备下列条件：

（一）无子女或者只有一名子女；

（二）有抚养、教育和保护被收养人的能力；

（三）未患有在医学上认为不应当收养子女的疾病；

（四）无不利于被收养人健康成长的违法犯罪记录；

（五）年满三十周岁。

第一千一百零一条　有配偶者收养子女，应当夫妻共同收养。

第一千一百零五条　收养应当向县级以上人民政府民政部门登记。收养关系自登记之日起成立。

收养查找不到生父母的未成年人的，办理登记的民政部门应当在登记前予以公告。

收养关系当事人愿意签订收养协议的，可以签订收养协议。

收养关系当事人各方或者一方要求办理收养公证的，应当办理收养公证。

县级以上人民政府民政部门应当依法进行收养评估。

2. 父母不愿意抚养子女，将未成年子女送人合法吗？

📢 典型案例

　　农村夫妻王二蛋和李小妞从事货车运输生意，二人婚后连生三胎都是女儿，因重男轻女思想严重，还想生个男孩。于是二人商量想要将刚出生不到三个月的小女儿送给他人。经打听，邻村李小毛夫妻结婚多年无子女，想领养一名女孩。王二蛋和李小妞便通过熟人说合，将女儿送给李小毛夫妻抚养，并收了 5 万元费用，该行为合法吗？

📖 以案普法

　　根据《民法典》第 1094 条规定，有特殊困难无力抚养子女的生父母可以作为送养人。本案中，王二蛋和李小妞从事货车运输生意，完全有能力抚养自己的女儿，二人不符合送养人的条件。父母对自己的孩子有抚养义务，这也是法定义务，不得随意放弃。因此，父母不得随意将自己的孩子送人。

　　根据《刑法》第 240 条规定，拐卖妇女、儿童是指以出卖为目的，有拐骗、绑架、收买、贩卖、接送、中转妇女、儿童的行为之一的。王二蛋和李小妞将小女儿送给他人，并收取了 5 万元的费用，涉嫌拐卖儿童罪。

　　李小毛夫妻婚后多年无子，若符合收养人条件，完全可以通过正当途径收养孩子，并办理收养手续，而二人通过违法的手段购买孩子收养，这种行为同样也涉嫌拐卖儿童罪。

　　因此，不符合送养人条件的父母将自己的未成年子女私自送养，并收取不正当利益的，送养人和收养人均可能构成刑事犯罪。

📖 法律依据

　　《中华人民共和国民法典》

　　第一千零九十四条 下列个人、组织可以作送养人：

　　（一）孤儿的监护人；

　　（二）儿童福利机构；

　　（三）有特殊困难无力抚养子女的生父母。

　　第一千零九十七条 生父母送养子女，应当双方共同送养。生父母一方不明或者查找不到的，可以单方送养。

　　《中华人民共和国刑法》

　　第二百四十条 拐卖妇女、儿童的，处五年以上十年以下有期徒刑，并处罚金；有下列情形之一的，处十年以上有期徒刑或者无期徒刑，并处罚金或者没收财产；情节特别严重的，处死刑，并处没收财产：

　　（一）拐卖妇女、儿童集团的首要分子；

　　（二）拐卖妇女、儿童三人以上的；

（三）奸淫被拐卖的妇女的；

（四）诱骗、强迫被拐卖的妇女卖淫或者将被拐卖的妇女卖给他人迫使其卖淫的；

（五）以出卖为目的，使用暴力、胁迫或者麻醉方法绑架妇女、儿童的；

（六）以出卖为目的，偷盗婴幼儿的；

（七）造成被拐卖的妇女、儿童或者其亲属重伤、死亡或者其他严重后果的；

（八）将妇女、儿童卖往境外的。

拐卖妇女、儿童是指以出卖为目的，有拐骗、绑架、收买、贩卖、接送、中转妇女、儿童的行为之一的。

3. 继母可以收养继子女吗？

🔊 **典型案例**

张贵德与李玲之结婚后生有一女，取名张礼乐，夫妻二人靠种植、售卖大棚蔬菜为生。一天，李玲之在送蔬菜的路上发生交通事故，不幸身亡，留下了丈夫和3岁的女儿相依为命。

两年后，经亲戚介绍，张贵德与隔壁村因不能生育而离婚的王无忧认识，后二人结婚。王无忧对张礼乐视如己出，母女俩感情非常好，遂与张贵德商量将张礼乐收为养女。张贵德认为，王无忧已经与自己结婚，自己的女儿就是她的女儿，没有办理收养登记的必要性，但是如果相关部门同意办理，他也同意。那么，王无忧能收养张礼乐吗？

以案普法

根据《民法典》第 1103 条规定，继父或者继母经继子女的生父母同意，可以收养继子女。本案中，张礼乐的母亲已经去世，王无忧作为张礼乐的继母想收养张礼乐，且已经征得其父亲张贵德的同意，因此，她是符合法律规定的收养条件的。

根据《民法典》第 1105 条规定，收养应当向县级以上人民政府民政部门登记。收养关系自登记之日起成立。即便王无忧是张礼乐的继母，想收养张礼乐，也需要到民政部门办理收养登记。本案中，双方应当到当地民政局办理收养登记，收养关系自登记之日起成立。

我们国家为了维护家庭的和谐稳定，提倡继父母收养继子女，因此，对继父母收养继子女放宽了条件限制，具体包括：第一，不受生父母有特殊困难无力抚养子女的条件限制；第二，不受收养人的条件限制，如不受继父母必须无子女或者只有一名子女的限制；第三，不受收养子女人数限制，即不受无子女的收养人可以收养两名子女，有子女的收养人只能收养一名子女的限制。

🔖 法律依据

《中华人民共和国民法典》

第一千一百零三条 继父或者继母经继子女的生父母同意，可以收养继子女，并可以不受本法第一千零九十三条第三项、第一千零九十四条第三项、第一千零九十八条和第一千一百条第一款规定的限制。

第一千一百零五条 收养应当向县级以上人民政府民政部门登记。收养关系自登记之日起成立。

收养查找不到生父母的未成年人的，办理登记的民政部门应当在登记前予以公告。

收养关系当事人愿意签订收养协议的，可以签订收养协议。

收养关系当事人各方或者一方要求办理收养公证的，应当办理收养公证。

县级以上人民政府民政部门应当依法进行收养评估。

4. 到公安机关为养子女办理户口登记，需要具备哪些条件？

📢 典型案例

农村居民王全夫妇靠养猪为生，因多年未能生育，十分苦恼。二人经慎重考虑后，决定收养一个孩子。王全的弟弟王柱与妻子生了二子一女。王全夫妇便与王柱夫妇协商，想让王柱把他的小儿子王盈过继给他们当儿子。王柱夫妇经过考虑后同意了。双方签订了一份《收养协议》，王全夫妇拿着《收养协议》到公安机关为收养的孩子办理户口迁移手续，被公安机关告知不能办理，需要到民政部门办理收养登记后，持登记证办理。那么，到公安机关为收养的子女办理户口登记，需要具备哪些条件？

🔍 以案普法

根据《民法典》第 1105 条规定，收养应当向县级以上人民政府民政部门登记。收养关系自登记之日起成立。王全夫妇收养王盈，仅仅是与王柱夫妇签订了《收养协议》，并未到民政部门办理收养登记，此时收养关系并未成立，需要办理登记手续才能成立。

根据《民法典》第 1106 条规定，收养关系成立后，公安机关应当按照国家有关规定为被收养人办理户口登记。收养协议不是收养关系成立的前提，收养人不能仅凭收养协议办理被收养人的户口迁移手续。本案中，王全夫妇应当在依法办理收养登记手续后，持登记机关发给的收养登记证，到公安机关为被收养人办理户口迁移手续。

法律依据

《中华人民共和国民法典》

第一千一百零五条 收养应当向县级以上人民政府民政部门登记。收养关系自登记之日起成立。

收养查找不到生父母的未成年人的，办理登记的民政部门应当在登记前予以公告。

收养关系当事人愿意签订收养协议的，可以签订收养协议。

收养关系当事人各方或者一方要求办理收养公证的，应当办理收养公证。

县级以上人民政府民政部门应当依法进行收养评估。

第一千一百零六条 收养关系成立后，公安机关应当按照国家有关规定为被收养人办理户口登记。

5. 丈夫去世后，妻子能否将未成年子女送养？

典型案例

农村居民黄秋实与妻子李春华共同生育了两个女儿，黄秋实靠在工地打零工谋生，妻子李春华在家种地并抚养两个女儿。黄秋实的父亲和母亲在村里开了一个养猪场，也帮着李春华照顾两个孩子。一天黄秋实在工地干活时，不幸从八层楼上摔落，经抢救无效死亡。

黄秋实去世后，李春华便将两个女儿留给老人照顾，外出打工，每月给两个女儿寄一定数额的生活费。但好景不长，一天上班途中，李春华遭遇交通事故，身体严重残疾，丧失了劳动能力，无法再外出打工。李春华觉得自己抚养两个女儿负担太重，考虑再三，决定将小女儿送给他人抚养。黄秋实的父母知道后，极力反对李春华将小孙女送人的行为，并表示愿意抚养小孙女，砸锅卖铁也会将小孙女抚养成人。若李春华执意要将女儿送养，黄秋实的父母能得到小孙女的抚养权吗？

📄 以案普法

根据《民法典》第 1094 条的规定，有特殊困难无力抚养子女的生父母可以作为送养人。本案中，李春华在其丈夫黄秋实去世后，自己又遭遇了交通事故，丧失了劳动能力，符合有特殊困难无力抚养子女的条件，可以作为送养人。

但是，根据《民法典》第 1108 条规定，配偶一方死亡，另一方送养未成年子女的，死亡一方的父母有优先抚养的权利。具体到本案，黄秋实的父母有抚养孙女的意愿，且开有养猪场，具有一定的抚养能力和条件。因此，如果李春华想将小女儿送给他人抚养，黄秋实的父母有优先抚养的权利。

⚖ 法律依据

《中华人民共和国民法典》

第一千零九十四条　下列个人、组织可以作送养人：

（一）孤儿的监护人；

（二）儿童福利机构；

（三）有特殊困难无力抚养子女的生父母。

第一千一百零八条　配偶一方死亡，另一方送养未成年子女的，死亡一方的父母有优先抚养的权利。

6. 养父母虐待未成年养子女的，送养人能否要求解除收养关系？

📢 典型案例

顾轻舟3岁时家中失火，父母为了救她，不幸遇难，她被政府送到了当地福利院。后来，邻村一直没有生育孩子的王洼夫妻收养了她，并办理了收养手续，还为顾轻舟改名王思源。王洼夫妻对王思源疼爱有加，可到了王思源8岁时，养母张盈意外怀孕，后来生下了一个女儿。在有了自己的女儿后，王洼夫妻对自己的亲生女儿呵护备至，慢慢地开始疏远王思源，对王思源越看越不顺眼，想与王思源解除收养关系，但是碍于情面又不好意思。于是二人便把家里的家务活全都交给王思源干，王洼稍有不顺心便对王思源拳打脚踢。王思源待在家里整日战战兢兢，偷偷出逃了三次，却都被王洼找回，王思源也因此受到了更重的惩罚。当地福利院在一次查访时得知了此事，便想解除王思源与王洼夫妻的收养关系，那么，福利院能要求解除收养关系吗？

📖 以案普法

本案中，王洼夫妻有了自己的孩子后，不想再抚养王思源，只是碍于情面没有解除收养关系。但是，即使王洼夫妻想解除收养关系也不可随意为之，因为王洼夫妻收养王思源是办理过收养手续的，双方之间形成了养父母与养子女关系，王洼夫妻对王思源有法定的抚养义务。根据《民法典》第 1114 条第 1 款的规定，收养人在被收养人成年以前，不得解除收养关系。因此，在王思源成年之前，王洼夫妻不得解除与王思源的收养关系。

王洼夫妻在有了自己的孩子后，有虐待养女的行为，侵害了王思源的合法权益。福利院发现该行为后，是可以要求解除收养关系的。根据《民法典》第 1114 条第 2 款的规定，本案可以通过两种方式解决：第一种是福利院可以与王洼夫妻协商解除收养关系，双方达成协议后，到登记部门办理解除收养关系登记手续；第二种是若王洼夫妻不同意解除收养关系，福利院需要到当地法院进行诉讼，让法院来判决是否应当解除收养关系。需要注意的是，王思源此时已经满 8 周岁，是否解除收养关系也需要经过王思源的同意。从王思源三次出逃的行为来看，王思源对于解除收养关系也是不反对的。本案中，王洼夫妻在有了自己的孩子后不想再抚养王思源，也有解除收养关系之意，因此福利院选择第一种方式解除收养关系是较为妥善的。

▤ 法律依据

《中华人民共和国民法典》

第一千一百一十四条　收养人在被收养人成年以前，不得解除收养关系，但是收养人、送养人双方协议解除的除外。养子女八周岁以上的，应当征得本人同意。

收养人不履行抚养义务，有虐待、遗弃等侵害未成年养子女合法权益行为的，送养人有权要求解除养父母与养子女间的收养关系。送养人、收养人不能达成解除收养关系协议的，可以向人民法院提起诉讼。

第一千一百一十六条　当事人协议解除收养关系的，应当到民政部门办理解除收养关系登记。

7. 被送养的子女长大后需要赡养亲生父母吗？

📢 典型案例

沈千帆与丈夫薛竟发靠在村里开玩具商店谋生，二人共生育了三个孩子。1995年,他们的小女儿沈嘉一出生。沈千帆的妹妹沈阡陌,丈夫早年出车祸导致丧失了生育能力,二人膝下无子,看别人与孩子一起其乐融融很是羡慕,于是向沈千帆提出想要收养沈嘉一。沈千帆得知妹妹的想法后,既舍不得女儿又很同情妹妹和妹夫,后经与丈夫薛竟发协商,同意将小女儿沈嘉一交给妹妹和妹夫抚养。

两家签订了一份收养协议,并到民政部门办理了收养登记手续,沈阡陌和丈夫也将沈嘉一的户口迁移到了自己家的户口本上。

日子一天天地过去,沈嘉一出落成了亭亭玉立的大姑娘,大学毕业后回到农村,利用自己的所学在镇上的研究所从事植物科研工作。沈千帆看着自己送出去的女儿长大了,经济独立了,便经常去找沈嘉一并表示:"你是我生的,你现在有出息了,理应赡养我,每个月给我1000元的赡养费。"沈嘉一则称:"虽然我是你生的,但我是由现在的养父母养大的,我要赡养养父母,没有义务再赡养你。"二人各执一词,后来闹到了法院。

🔍 以案普法

根据《民法典》第1111条规定,自收养关系成立之日起,养子女与生父母以及其他近亲属间的权利义务关系,因收养关系的成立而消除。本案中,沈阡陌夫妻收养沈嘉一后，到民政部门办理了收养登记，收养关系自办理收养登记之日起成立。此时，沈嘉一与沈阡陌夫妻形成了父母子女关系，与生父母沈千帆和薛竟发之间的权利义务已经消灭。现在沈嘉一已经成年，即便生父母缺乏劳动能力、没有经济收入，沈嘉一对生父母也没有赡养的义务。沈千帆提出让沈嘉一承担每月给付 1000 元赡养费的义务，沈嘉一有权拒绝。

📖 法律依据

《中华人民共和国民法典》

第一千一百一十一条 自收养关系成立之日起，养父母与养子女间的权利义务关系，适用本法关于父母子女关系的规定；养子女与养父母的近亲属间的权利义务关系，适用本法关于子女与父母的近亲属关系的规定。

养子女与生父母以及其他近亲属间的权利义务关系，因收养关系的成立而消除。

8. 成年养子女可以要求解除收养关系吗？

📢 典型案例

赵绵绵两岁时，父母开拖拉机在路上与大货车相撞，不幸双双遇难。赵绵绵的爷爷奶奶因年龄比较大且都身有疾病，不具备抚养赵绵绵的条件。同村的赵根生和张霞夫妻结婚多年一直没有子女，后经村委会出面，赵绵绵被赵根生夫妻收养，并到相关部门办理了收养手续。赵绵绵一直由赵根生夫妻抚养到 18 周岁，后赵绵绵考上外省的一所大学。自从考上大学，赵绵绵便很少回家。赵绵绵从小就知道自己的父母不是亲生的，她觉得自己已经成年，立志要自给自足，不再依靠任何人。此后的寒暑假赵绵绵都是自己在外面勤工俭学，拒绝再要养父母给的生活费。

赵绵绵大学毕业后，想留在大城市工作，而养父母怕女孩子在外面不安全，坚决要求她回农村工作，双方没有达成共识，赵绵绵按照自己的意愿留在了大城市，也因此与养父母产生了嫌隙，之后很少回家看望二老。养父母的年纪越来越大，膝下就这一个女儿，他们找到村妇联主任，村妇联主任对赵绵绵进行了说服教育，赵绵绵仍然不愿意回来，并称要与养父母解除收养关系。那么，赵绵绵可以与养父母解除收养关系吗？

以案普法

根据《民法典》第 1115 条规定，养父母与成年养子女关系恶化、无法共同生活的，可以协议解除收养关系。不能达成协议的，可以向人民法院提起诉讼。赵绵绵可以通过以下两种方式解除收养关系：第一种是协商解除，赵绵绵要求与养父母解除收养关系，如果养父母也同意，双方能够达成一致意见，可共同到民政部门办理解除收养手续；第二种是诉讼解除，赵绵绵要求解除收养关系，而养父母赵根生和张霞不同意解除，赵绵绵可以到当地法院提起诉讼，由法院判决是否解除收养关系。

需要注意的是，赵根生与张霞夫妻已经将赵绵绵抚养成年，且在抚养赵绵绵期间不存在虐待、遗弃赵绵绵的行为，赵绵绵本应该承担赡养养父母的义务。根据《民法典》第1118条的规定，赵绵绵在此时解除收养关系，仍应当对缺乏劳动能力又缺乏生活来源的养父母给付生活费。也就是说，即便此时赵绵绵与赵根生和张霞解除了收养关系，她仍应当承担赡养义务。

🔗 法律依据

《中华人民共和国民法典》

第一千一百一十五条　养父母与成年养子女关系恶化、无法共同生活的，可以协议解除收养关系。不能达成协议的，可以向人民法院提起诉讼。

第一千一百一十六条　当事人协议解除收养关系的，应当到民政部门办理解除收养关系登记。

第一千一百一十八条　收养关系解除后，经养父母抚养的成年养子女，对缺乏劳动能力又缺乏生活来源的养父母，应当给付生活费。因养子女成年后虐待、遗弃养父母而解除收养关系的，养父母可以要求养子女补偿收养期间支出的抚养费。

生父母要求解除收养关系的，养父母可以要求生父母适当补偿收养期间支出的抚养费；但是，因养父母虐待、遗弃养子女而解除收养关系的除外。

第三章

继承法律问题

1. 遗产分割前，由谁来管理遗产？

典型案例

刘建设年轻时在村里开办砖厂，后来生意越做越大，砖厂的规模也逐步扩大。刘建设赚钱后，在城镇购买了三套住房，一套自己住，剩下的两套租出去收取租金。

一天，刘建设突发疾病，经抢救无效死亡。刘建设共有四名子女，三个儿子，一个女儿。刘建设留下的遗产有：砖厂的股份及其在城镇购买的三套住房。留下的债务有：以个人名义借款 20 万元。

三个儿子经商量，决定一人一套分了父亲在城镇购买的住房。女儿知道后找三人理论，让他们搬出去，称在遗产没有分割前谁也不能先占，应当找一个人对遗产进行管理。三个儿子称，妹妹已经结婚，嫁出去的闺女无权再管娘家的事，房产应当由他们管理，他们一人一套先占着，待父亲的股份价值确认后，再一并分割。

那么，在分割遗产前，这些遗产应该由谁来管理？

以案普法

本案涉及继承开始后，遗产分割前，遗产应当由谁管理的问题。根据《民法典》第 1145 条规定，继承开始后，遗产管理人按以下顺序确认：（1）遗嘱执行人为遗产管理人；（2）没有遗嘱执行人的，继承人应当及时推选遗产管理人；（3）继承人未推选的，由继承人共同担任遗产管理人；（4）没有继承人或者继承人均放弃继承的，由被继承人生前住所地的民政部门或者村民委员会担任遗产管理人。

刘建设去世后，没有遗嘱执行人，应当由作为继承人的四个孩子共同推选一名遗产管理人，未能推选的，由四人共同担任遗产管理人。刘建设的三个儿子认为他们是遗产管理人，并将妹妹排除在外，是不符合法律规定的，本案中，刘建设的四个孩子应共同担任遗产管理人。

另外，刘建设还欠有外债，砖厂还有股份。如果刘建设的债权人或者合伙人对已经确认的遗产管理人有争议，可以向人民法院申请指定遗产管理人。

🔊 法律依据

《中华人民共和国民法典》

第一千一百四十五条 继承开始后，遗嘱执行人为遗产管理人；没有遗嘱执行人的，继承人应当及时推选遗产管理人；继承人未推选的，由继承人共同担任遗产管理人；没有继承人或者继承人均放弃继承的，由被继承人生前住所地的民政部门或者村民委员会担任遗产管理人。

第一千一百四十六条 对遗产管理人的确定有争议的，利害关系人可以向人民法院申请指定遗产管理人。

2. 父母去世后，多名子女之间如何确定每个人的继承份额?

🔊 典型案例

张老汉夫妻在家中煤气中毒，不幸双双去世。二人的遗产有：在农村宅基地上的房屋一座、在县城购买的房产一套、存款 10 万元。

张老汉夫妻的父母均已不在世，二人膝下共有四个子女，两个儿子和两个女儿。张老汉夫妻晚年一直由大儿子和小女儿轮流照顾，小儿子一家定居在国外，很少回来，偶尔给张老汉夫妻寄钱和物品。大女儿远嫁外省，也是逢年过节才回来。张老汉夫妻去世后，大儿子作为家里的老大，经与小妹商量后，作出以下决定：农村宅基地上的房屋由自己一家人居住，县城的房产分给小妹一家，存款 10 万元由小弟和大妹一人分 5 万元。小弟和大妹不同意，认为应当将所有的房产出售，所得钱款四人均分，并称四人都是父母的孩子，不应当在遗产分割上存在偏见。这种分配方式是否符合法律规定?

📖 以案普法

根据《民法典》第 1127 条规定，遗产的第一顺序继承人是配偶、子女、父母。本案中，张老汉夫妻去世，且二人的父母已经不在人世，因此第一顺序继承人为二人的四个子女，也就是说，二人的遗产由二人的四个子女共同继承。

在分割遗产时，如何确定份额往往是继承人比较关心的问题。根据《民法典》第1130条的规定，同一顺序继承人继承遗产的份额，一般应当均等。本案中，四个子女均为第一顺序继承人，一般情况下应当均分遗产。但是，大儿子和小女儿在父母晚年时对父母照顾较多，在分配遗产时可以多分；小儿子在国外生活，对父母照顾较少，但是也会给父母寄钱和物品，在分配遗产时可以适当少分；大女儿远嫁外省，对父母未尽赡养义务，在分配遗产时应当少分或者不分。

张老汉夫妻的遗产有房产和存款，房产属于不宜分割的遗产，根据《民法典》第1156条规定，不宜分割的遗产，可以采取折价、适当补偿或者共有等方法处理。本案中，兄妹四人可以根据各人的生活需要，综合认定房产的分配方案。

兄妹四人若因遗产分配产生纠纷，根据《民法典》第1132条规定，继承人应当本着互谅互让、和睦团结的精神，协商处理遗产继承问题。协商不成的，可以向当地人民调解委员会申请调解或者向人民法院提起诉讼。

法律依据

《中华人民共和国民法典》

第一千一百二十七条　遗产按照下列顺序继承：

（一）第一顺序：配偶、子女、父母；

（二）第二顺序：兄弟姐妹、祖父母、外祖父母。

继承开始后，由第一顺序继承人继承，第二顺序继承人不继承；没有第一顺序继承人继承的，由第二顺序继承人继承。

本编所称子女，包括婚生子女、非婚生子女、养子女和有扶养关系的继子女。

本编所称父母，包括生父母、养父母和有扶养关系的继父母。

本编所称兄弟姐妹，包括同父母的兄弟姐妹、同父异母或者同母异父的兄弟姐妹、养兄弟姐妹、有扶养关系的继兄弟姐妹。

第一千一百三十条　同一顺序继承人继承遗产的份额，一般应当均等。

对生活有特殊困难又缺乏劳动能力的继承人，分配遗产时，应当予以照顾。

对被继承人尽了主要扶养义务或者与被继承人共同生活的继承人，分配遗产时，可以多分。

有扶养能力和有扶养条件的继承人，不尽扶养义务的，分配遗产时，应当不分或者少分。

继承人协商同意的，也可以不均等。

第一千一百三十二条 继承人应当本着互谅互让、和睦团结的精神，协商处理继承问题。遗产分割的时间、办法和份额，由继承人协商确定；协商不成的，可以由人民调解委员会调解或者向人民法院提起诉讼。

第一千一百五十六条 遗产分割应当有利于生产和生活需要，不损害遗产的效用。

不宜分割的遗产，可以采取折价、适当补偿或者共有等方法处理。

《最高人民法院关于适用〈中华人民共和国民法典〉继承编的解释（一）》

第十九条 对被继承人生活提供了主要经济来源，或者在劳务等方面给予了主要扶助的，应当认定其尽了主要赡养义务或主要扶养义务。

3. 祖孙三代外出发生交通事故，父母和爷爷奶奶不幸遇难，孙子女应如何继承遗产？

📢 **典型案例**

周诚和夏小兰夫妻以种植大棚蔬菜为生，二人共生育两个子女，女儿周楚梦 13 岁，儿子周楚辞 8 岁。夫妻二人生意比较忙，女儿和儿子由爷爷奶奶帮忙照顾。夫妻二人肯吃苦，且为人和善真诚，因此生意越做越好，于是买了一辆面包车用来拉货。国庆节假期，二人商量，有车了出去比较方便，想带父母和两个孩子出去旅行。二人将这个想法告诉家人后，家人欣然接受，于是周诚开着面包车带着家人高高兴兴地出发了。

他们逛了很多景点，玩得也非常开心，连着玩了三天后，一家人计划返家。在回程的高速公路上，周诚驾驶的面包车与一辆大货车相撞，造成周诚、夏小兰以及周诚的父母不幸遇难，两个孩子也受伤住院。万幸的是，经检查两个孩子都没有大碍。遭遇如此惨剧，两个年幼的孩子无人照顾，于是周诚的姐姐周敏和弟弟周杰经商量后决定每人照看一名孩子，直到抚养孩子至成年且能够独立生活为止。

周诚夫妻及周诚父母去世后，交通事故中大货车投保的保险公司根据法律规定对事故损失进行了赔付，加上周诚夫妻的大棚生意、农村住房、面包车等，周敏和周杰应该如何分配这些遗产呢？

📖 以案普法

本案首先要解决的是相互有继承关系的人在同一事件中死亡，如何确定死亡时间的问题。根据《民法典》第1121条的规定，相互有继承关系的数人在同一事件中死亡，难以确定死亡时间的，按以下顺序确定死亡时间：

（1）推定没有其他继承人的人先死亡；（2）都有其他继承人，辈份不同的，推定长辈先死亡；（3）辈份相同的，推定同时死亡，相互不发生继承。本案中，周诚夫妻和周诚父母都有继承人，父母是长辈，推定父母先死亡，父母之间不发生继承；周诚夫妻是晚辈，推定后于父母死亡，周诚夫妻之间不发生继承，但是周诚可以继承自己父母的遗产。

其次要解决的是财产如何继承的问题。第一步，周诚的父母先去世，父母获得的赔偿金和遗产由周诚和周敏、周杰三人继承。第二步，周诚和夏小兰的赔偿金、遗产以及周诚继承父母的赔偿金和遗产由周楚梦和周楚辞继承。

因周楚梦和周楚辞均未成年，二人继承的遗产可暂由监护人代为保管。

🔨 法律依据

《中华人民共和国民法典》

第一千一百二十一条 继承从被继承人死亡时开始。

相互有继承关系的数人在同一事件中死亡，难以确定死亡时间的，推定没有其他继承人的人先死亡。都有其他继承人，辈份不同的，推定长辈先死亡；辈份相同的，推定同时死亡，相互不发生继承。

4. 孤寡老人的死亡赔偿金，作为其唯一亲人的侄女能否继承？

📢 典型案例

农村孤寡老人李有清，父母早已去世，他一生未娶妻，无儿无女，靠收废品为生。一天，他在收废品的路上发生交通事故，经抢救无效死亡。李有清去世后，留下农村宅基地上的住房一套和交通事故赔偿金 25 万元，暂由村委会保管。李有清的哥哥李有振早年因病去世，留有一女李婉晴。李有清去世后，李婉晴出面办理叔叔的丧葬事宜。办完丧事后，李婉晴向村委会主张自己有权继承李有清的遗产，村委会应当将李有清的遗产和赔偿金返还给自己。李婉晴的主张能成立吗？

🔍 以案普法

根据《民法典》第 1127 条规定，继承开始后，由第一顺序继承人即配偶、子女、父母继承；没有第一顺序继承人继承的，由第二顺序继承人即兄弟姐妹、祖父母、外祖父母继承。本案中，李有清父母已经去世，李有清没有妻子和子女，说明李有清没有第一顺序继承人，因此可以由第二顺序继承人继承。

李有清的第二顺序继承人是他的哥哥李有振，但是李有振先于李有清去世，这时李有振的女儿李婉晴是否有继承权呢？根据《民法典》第1128条规定，被继承人的兄弟姐妹先于被继承人死亡的，由被继承人的兄弟姐妹的子女代位继承。本案中，作为继承人的李有振先于被继承人李有清去世，李婉晴作为李有振的女儿可代位继承李有振应当继承的份额。

因此，李婉晴有权继承李有清的遗产，村委会应当将李有清的遗产和赔偿金退还给李婉晴。

📖 法律依据

《中华人民共和国民法典》

第一千一百二十七条 遗产按照下列顺序继承：

（一）第一顺序：配偶、子女、父母；

（二）第二顺序：兄弟姐妹、祖父母、外祖父母。

继承开始后，由第一顺序继承人继承，第二顺序继承人不继承；没有第一顺序继承人继承的，由第二顺序继承人继承。

本编所称子女，包括婚生子女、非婚生子女、养子女和有扶养关系的继子女。

本编所称父母，包括生父母、养父母和有扶养关系的继父母。

本编所称兄弟姐妹，包括同父母的兄弟姐妹、同父异母或者同母异父的兄弟姐妹、养兄弟姐妹、有扶养关系的继兄弟姐妹。

第一千一百二十八条 被继承人的子女先于被继承人死亡的，由被继承人的子女的直系晚辈血亲代位继承。

被继承人的兄弟姐妹先于被继承人死亡的，由被继承人的兄弟姐妹的子女代位继承。

代位继承人一般只能继承被代位继承人有权继承的遗产份额。

5. 养子能否继承养父母亲生儿子的遗产?

🔊 **典型案例**

顾宴惜夫妻有一个 10 岁的儿子，取名顾彦，夫妻俩与同村的王小宝夫妻相交甚好，王小宝夫妻有一个 3 岁的孩子，名叫王轩，两家经常走动，两个孩子感情也挺好，情同兄弟。在一次意外中，王小宝夫妻不幸遇难，留下了 3 岁的王轩无人照顾。后经村委会协调，顾宴惜夫妻收养了王轩，并在相关部门办理了收养手续。为避免王轩上学后因姓氏与养父母不同而遭到非议，顾宴惜夫妻将王轩改名为顾轩。

养父母对顾轩视如己出，疼爱有加，顾轩与顾彦的兄弟感情也非常好。在顾轩 19 岁那年，养父母在一场车祸中不幸遇难，顾彦和顾轩在办理完父母的丧事后，相依为命。顾彦在一家建筑企业上班，在一次实地考察的时候，工地的楼房发生倒塌，将其砸伤，后经抢救无效死亡。顾彦去世后，留下了存款5万元及在市区购买的付了首付正在分期还款的房屋。处理完顾彦的丧事后，顾彦的爷爷奶奶直接搬到了顾彦在市区购买的房子里，并称顾轩与顾彦不是亲兄弟，没有血缘关系，没有权利在该房子里住，更没有权利继承顾彦的遗产，双方经协商不能达成一致。那么，顾轩可以继承哥哥顾彦的遗产吗？

📖 以案普法

本案中，在顾彦去世后，首先，需要确定他的继承人范围。《民法典》第1127条规定了遗产继承的顺序，第一顺序是配偶、子女、父母；第二顺序是兄弟姐妹、祖父母、外祖父母。顾彦的父母先于顾彦去世，顾彦未婚不存在配偶和子女，这时由第二顺序继承人继承。第二顺序继承人包括兄弟姐妹、祖父母、外祖父母。

其次，需要确定兄弟姐妹是否包括收养的兄弟姐妹。顾轩虽然与顾彦不是亲兄弟，但是顾轩与养父母办理了合法的收养登记手续，根据《民法典》第1127条第5款的规定，兄弟姐妹，包括同父母的兄弟姐妹、同父异母或者同母异父的兄弟姐妹、养兄弟姐妹、有扶养关系的继兄弟姐妹。

最后，需要确定作为养子的顾轩是否有继承权。根据《最高人民法院关于适用〈中华人民共和国民法典〉继承编的解释（一）》第 12 条规定，养子女与生子女之间、养子女与养子女之间，系养兄弟姐妹，可以互为第二顺序继承人。本案中，顾彦和顾轩作为父母的生子和养子，法律明确规定了可以互为第二顺序继承人。在顾彦去世后，不存在第一顺序继承人的情况下，顾轩作为第二顺序继承人享有继承权。

对于顾彦的遗产，顾轩作为继承人之一，可以要求分得应继承的份额。顾彦的房屋在未分配之前，系继承人共有，顾彦的爷爷奶奶不能将顾轩赶走，二人所称顾轩与顾彦不是亲兄弟，没有血缘关系，不能继承遗产的说法也不成立。

⚖️ **法律依据**

《中华人民共和国民法典》

第一千一百二十七条 遗产按照下列顺序继承：

（一）第一顺序：配偶、子女、父母；

（二）第二顺序：兄弟姐妹、祖父母、外祖父母。

继承开始后，由第一顺序继承人继承，第二顺序继承人不继承；没有第一顺序继承人继承的，由第二顺序继承人继承。

本编所称子女，包括婚生子女、非婚生子女、养子女和有扶养关系的继子女。

本编所称父母，包括生父母、养父母和有扶养关系的继父母。

本编所称兄弟姐妹，包括同父母的兄弟姐妹、同父异母或者同母异父的兄弟姐妹、养兄弟姐妹、有扶养关系的继兄弟姐妹。

《最高人民法院关于适用〈中华人民共和国民法典〉继承编的解释（一）》

第十二条　养子女与生子女之间、养子女与养子女之间，系养兄弟姐妹，可以互为第二顺序继承人。

被收养人与其亲兄弟姐妹之间的权利义务关系，因收养关系的成立而消除，不能互为第二顺序继承人。

6. 父亲在工地遇难，遗腹子是否有继承权？

🔊 典型案例

张小俊和妻子李红靠在工地打零工谋生，后李红因怀孕不能干重活，在家务农。一天张小俊在工地干活的过程中，不慎从八楼摔下，当场死亡。张小俊去世后，用人单位赔偿了80余万元。张小俊的遗产是婚后与李红共同建造的农村宅基地上的房屋。在分配遗产和赔偿金时，李红主张自己怀孕了，将来生了孩子需要一个人抚养，应当为未出生的孩子留一份，张小俊的父母认为，孩子还没有出生，无权继承。对于李红肚子里的孩子是否有继承权的问题，双方发生了争执。

以案普法

根据《民法典》第 13 条规定，自然人从出生时起到死亡时止，具有民事权利能力，依法享有民事权利，承担民事义务。也就是说，自然人的民事权利始于出生，终于死亡。一般情况下，胎儿只有出生才具有民事行为能力。

但是胎儿作为继承人时有例外，《民法典》第 1155 条规定，遗产分割时，应当保留胎儿的继承份额。这说明法律虽然规定自然人从出生时起具有民事权利能力，但胎儿还没有出生时，法律已经赋予了其继承权。张小俊的第一顺序继承人是配偶、父母、子女，但是法律明确规定了胎儿的继承权，因此张小俊的遗产和赔偿金，胎儿也有权作为第一顺序继承人参与分配。

如果在分配遗产和赔偿金时张小俊的父母没有为胎儿保留份额，李红作为胎儿的母亲和监护人，有权要求从张小俊的父母继承的份额中扣回胎儿的份额，胎儿继承的份额可以由母亲李红代为保管。

胎儿的出生是有风险的，如果胎儿出生时是死体，原来为胎儿保留的份额，仍由张小俊的父母和妻子李红继承。如果胎儿出生时是活体，随后又夭折，胎儿继承的份额由他的继承人也就是母亲李红继承。

法律依据

《中华人民共和国民法典》

第一千一百五十五条 遗产分割时，应当保留胎儿的继承份额。胎儿娩出时是死体的，保留的份额按照法定继承办理。

《最高人民法院关于适用〈中华人民共和国民法典〉继承编的解释（一）》

第三十一条 应当为胎儿保留的遗产份额没有保留的，应从继承人所继承的遗产中扣回。

为胎儿保留的遗产份额，如胎儿出生后死亡的，由其继承人继承；如胎儿娩出时是死体的，由被继承人的继承人继承。

7. 丧偶儿媳对公婆是否应承担赡养义务？能否继承公婆的遗产？

典型案例

农村老汉李毛蛋和妻子张小叶有一子两女。长女李红霞嫁到其他乡镇，次女李红春远嫁外省，平时很少回来。小儿子李文龙与严小秋登记结婚，后育有一子，取名李木子。几年后，母亲张小叶去世，因大姐工作比较忙，二姐远嫁外地，李文龙便将父亲接到自己家里居住。

后来，李文龙在工地干活时受伤，经抢救无效死亡。儿子去世后，李毛蛋没有搬走，仍和儿媳严小秋一起居住。李毛蛋身体不太好，这些年一直是由儿媳严小秋照顾。后来，李毛蛋因病住院，住院期间，严小秋一直在医院照顾李毛蛋，大女儿李红霞因工作忙，偶尔到医院照顾老人。几年后李毛蛋去世，他与妻子、儿子生前均未留下遗赠扶养协议和遗嘱。因父亲的遗产继承问题，李毛蛋的两个女儿和严小秋发生矛盾，对簿公堂。

🔍 以案普法

根据《民法典》第 1122 条规定，遗产是自然人死亡时遗留的个人合法财产。同时，《民法典》第 1123 条规定，继承开始后，按照法定继承办理；有遗嘱的，按照遗嘱继承或者遗赠办理；有遗赠扶养协议的，按照协议办理。

本案中，李毛蛋和妻子张小叶、儿子李文龙去世后均没有留下遗赠扶养协议和遗嘱，那么遗产应当按照法定继承，由第一顺序继承人继承。第一顺序继承人一般是指配偶、子女、父母。因此，李毛蛋的两个女儿有继承权。

但是根据《民法典》第 1129 条规定，丧偶儿媳对公婆，丧偶女婿对岳父母，尽了主要赡养义务的，作为第一顺序继承人。"主要赡养义务或主要扶养义务"是指对被继承人生活提供了主要经济来源，或者在劳务等方面给予了主要扶助。本案中，严小秋作为儿媳，在丈夫去世后长期与公公共同居住，打理、照顾公公的所有事宜，公公生病后也主要是她到医院照顾，因此，可以认定严小秋作为丧偶儿媳对公公尽了主要赡养义务，其可以作为公公的第一顺序继承人，依法对公公的遗产享有继承权。

🔲 法律依据

《中华人民共和国民法典》

第一千一百二十二条 遗产是自然人死亡时遗留的个人合法财产。

依照法律规定或者根据其性质不得继承的遗产，不得继承。

第一千一百二十三条 继承开始后，按照法定继承办理；有遗嘱的，按照遗嘱继承或者遗赠办理；有遗赠扶养协议的，按照协议办理。

第一千一百二十七条 遗产按照下列顺序继承：

（一）第一顺序：配偶、子女、父母；

（二）第二顺序：兄弟姐妹、祖父母、外祖父母。

继承开始后，由第一顺序继承人继承，第二顺序继承人不继承；没有第一顺序继承人继承的，由第二顺序继承人继承。

本编所称子女，包括婚生子女、非婚生子女、养子女和有扶养关系的继子女。

本编所称父母，包括生父母、养父母和有扶养关系的继父母。

本编所称兄弟姐妹，包括同父母的兄弟姐妹、同父异母或者同母异父的兄弟姐妹、养兄弟姐妹、有扶养关系的继兄弟姐妹。

第一千一百二十九条　丧偶儿媳对公婆，丧偶女婿对岳父母，尽了主要赡养义务的，作为第一顺序继承人。

《最高人民法院关于适用〈中华人民共和国民法典〉继承编的解释（一）》

第十八条　丧偶儿媳对公婆、丧偶女婿对岳父母，无论其是否再婚，依照民法典第一千一百二十九条规定作为第一顺序继承人时，不影响其子女代位继承。

第十九条　对被继承人生活提供了主要经济来源，或者在劳务等方面给予了主要扶助的，应当认定其尽了主要赡养义务或主要扶养义务。

8. 未履行赡养义务的女儿能否继承父母的遗产？

🔊 **典型案例**

刘老汉有六个子女，三个儿子，三个女儿。刘老汉年轻时在村镇企业上班，退休后每月有 2000 元的退休金。刘老汉早年丧偶，前几年因腿摔伤，行动不便，需要人照顾。因三个女儿外嫁到其他乡镇，刘老汉不愿到三个女儿家居住，且女儿们平时上班忙，也没时间照顾他。因此，刘老汉一直在三个儿子家里轮流居住，刘老汉的退休金在扣除每月必要开支后，如有结余，由六个子女平分。

两年前，刘老汉查出胃癌，前后住院三次。住院期间，三个儿子轮流照顾刘老汉，三个女儿则提出要想让她们照顾，必须从父亲的退休金中拿出钱进行补助，每照顾一天支付200元，三个儿子也同意支付。后来刘老汉经治疗无效去世。刘老汉去世后，留下了24万余元补偿款和一处房产。六个子女就如何分割补偿款和房产无法达成一致意见，三个女儿要求平均分割，三个儿子则认为父亲晚年生活不便一直是由他们照顾，在分割时他们应当适当多分。三个女儿能否继承父亲的补偿款和房产呢？

以案普法

本案涉及同一顺序继承人继承遗产该如何予以分配的问题以及未尽赡养义务的人能否继承遗产的问题。根据《民法典》第1130条的规定，遗产分配主要有以下几种情况。

第一种情况：一般情况下，同一顺序继承人继承遗产的份额应当均等。这是建立在各个继承人在生活水平、劳动能力和对被继承人所尽扶养义务等各方面条件基本相同或者相近的基础上。

第二种情况：对生活有特殊困难又缺乏劳动能力的继承人，分配遗产时，应当予以照顾。

第三种情况：对被继承人尽了主要扶养义务或者与被继承人共同生活的继承人，分配遗产时，可以多分。"尽了主要赡养义务或主要扶养义务"是指对被继承人生活提供了主要经济来源，或者在劳务等方面给予了主要扶助。尽了主要赡养义务或主要扶养义务的继承人在分配遗产时可以多分。

第四种情况：被继承人需要继承人扶养，这种扶养包括经济上的扶助，也包括身体上的照顾，而继承人具有扶养能力和扶养条件，对被继承人又有扶养的义务，却不尽扶养义务的，分配遗产时，应当不分或者少分。

第五种情况：继承人协商同意的，也可以不均等。

本案中，刘老汉有六个子女，在晚年虽然有退休金，但因行动不便，需要照顾。六个子女在对老人的扶养上不均等，在分配遗产时也会存在差别。刘老汉在晚年被三个儿子照顾得多，三个儿子尽到了主要扶养义务，在分配遗产时可以多分。而三个女儿有扶养能力和扶养条件，却不尽扶养义务，上班忙没时间照顾不能作为不尽扶养义务的理由，但是这不代表三个女儿没有继承权，只是在分配遗产时应当不分或者少分。

🔖 法律依据

《中华人民共和国民法典》

第一千一百三十条　同一顺序继承人继承遗产的份

额，一般应当均等。

对生活有特殊困难又缺乏劳动能力的继承人，分配遗产时，应当予以照顾。

对被继承人尽了主要扶养义务或者与被继承人共同生活的继承人，分配遗产时，可以多分。

有扶养能力和有扶养条件的继承人，不尽扶养义务的，分配遗产时，应当不分或者少分。

继承人协商同意的，也可以不均等。

《最高人民法院关于适用〈中华人民共和国民法典〉继承编的解释（一）》

第十九条 对被继承人生活提供了主要经济来源，或者在劳务等方面给予了主要扶助的，应当认定其尽了主要赡养义务或主要扶养义务。

第二十二条 继承人有扶养能力和扶养条件，愿意尽扶养义务，但被继承人因有固定收入和劳动能力，明确表示不要求其扶养的，分配遗产时，一般不应因此而影响其继承份额。

第二十三条 有扶养能力和扶养条件的继承人虽然与被继承人共同生活，但对需要扶养的被继承人不尽扶养义务，分配遗产时，可以少分或者不分。

9. 公证遗嘱与打印遗嘱内容不同，哪份遗嘱有效？

🔊 典型案例

张大爷有两个儿子和一个女儿，早年丧偶，未再娶妻。张大爷因年轻时在村里干乡镇企业，属于村里"先富起来"的一批人，他在镇上买了一套房产，并一直住在那里。小儿子张宝结婚时没有房子住，就一直与张大爷住在一起，同时照顾父亲的饮食起居。张宝夫妻与张大爷相处融洽，后因为小孙子的出生，张大爷享受天伦之乐的同时觉得张宝夫妻真的很孝顺，于是就到公证处办理了一份公证遗嘱，表示自己百年之后，现在居住的房屋由小儿子张宝继承。

两年后，张大爷身患癌症住院，三个孩子凑了一笔钱为张大爷看病，并轮流到医院照顾他。张大爷觉得三个孩子都挺好，自己把唯一的房产留给小儿子的话对不起大儿子和女儿。于是，张大爷在两个好友到医院探望自己的时候，又口述了一份遗嘱，表示在自己去世之后，这套房产由三个孩子共同继承，并让好友到外面的复印部打印了一份，自己和两位好友均在这份遗嘱上签上了名字，写上了年、月、日。张大爷让其中一位好友保管着这份遗嘱，让好友等自己去世后再拿出来给孩子们。

后来张大爷因治疗无效去世。三个孩子处理完老父亲的丧事后，张大爷的好友拿出了张大爷签字的这份遗嘱并向三个孩子进行了宣读。小儿子张宝表示不认可，并称张大爷在生病前已经立下公证遗嘱，公证遗嘱的效力最大。大儿子和女儿则认为遗嘱应当以张大爷最后立的这份为准。为此，他们无法达成一致意见。

以案普法

张大爷在生病前到公证处办理了公证遗嘱，该份遗嘱经过公证处办理，是有效的遗嘱。

张大爷在生病住院后，被三个孩子的孝心感动，又立了一份打印遗嘱。根据《民法典》第 1136 条规定，打印遗嘱应当有两个以上见证人在场见证。遗嘱人和见证人应当在遗嘱每一页签名，注明年、月、日。本案中，张大爷口述了遗嘱内容并让好友去打印了一份，张大爷和两个作为见证人的好友均在遗嘱上签了字，并注明了年、月、日。据此，可以认定这份打印遗嘱也是有效的。

在前面的公证遗嘱和后面的打印遗嘱均是有效的情况下，小儿子张宝提出公证遗嘱优先是否成立呢？根据《民法典》第 1142 条规定，遗嘱人可以撤回、变更自己所立的遗嘱。立遗嘱后，遗嘱人实施与遗嘱内容相反的民事法律行为的，视为对遗嘱相关内容的撤回。立有数份遗嘱，内容相抵触的，以最后的遗嘱为准。

根据该法律规定，可以认定张大爷在住院后立的打印遗嘱，将房产由小儿子一人继承改为由两个儿子和一个女儿共同继承，与之前的公证遗嘱在内容上有所不同，打印遗嘱应视为对公证遗嘱进行了变更。在两份遗嘱内容相抵触的情况下，应当以后立的遗嘱为准。

因此，本案中张大爷生病前立的那份遗嘱虽然进行了公证，但是并不具有优先效力，应当以最后的打印遗嘱为准。

法律依据

《中华人民共和国民法典》

第一千一百三十六条　打印遗嘱应当有两个以上见证人在场见证。遗嘱人和见证人应当在遗嘱每一页签名，注明年、月、日。

第一千一百三十九条　公证遗嘱由遗嘱人经公证机构办理。

第一千一百四十二条　遗嘱人可以撤回、变更自己所立的遗嘱。

立遗嘱后，遗嘱人实施与遗嘱内容相反的民事法律行为的，视为对遗嘱相关内容的撤回。

立有数份遗嘱，内容相抵触的，以最后的遗嘱为准。

第一千一百四十三条　无民事行为能力人或者限制民事行为能力人所立的遗嘱无效。

遗嘱必须表示遗嘱人的真实意思，受欺诈、胁迫所立的遗嘱无效。

伪造的遗嘱无效。

遗嘱被篡改的，篡改的内容无效。

《最高人民法院关于适用〈中华人民共和国民法典〉继承编的解释（一）》

第二十八条　遗嘱人立遗嘱时必须具有完全民事行为能力。无民事行为能力人或者限制民事行为能力人所立的遗嘱，即使其本人后来具有完全民事行为能力，仍属无效遗嘱。遗嘱人立遗嘱时具有完全民事行为能力，后来成为无民事行为能力人或者限制民事行为能力人的，不影响遗嘱的效力。

10. 儿子不想继承父亲的遗产，多次口头表示放弃继承有效吗？

典型案例

刘善利和妻子张存真在村里开了一个养猪场，生意还不错。一天，刘善利在喂猪的时候突发疾病经抢救无效死亡。刘善利夫妻共有三个孩子，两个儿子，一个女儿。刘善利的遗产包括农村宅基地上的房屋及其在村里开的养猪场。在张存真和孩子们处理完刘善利的丧事后，陆续有人拿着欠条来找张存真，称刘善利生前购买猪饲料有欠款未还，经统计共有 15 万余元。

刘善利的小儿子刘至简一听父亲还有债务需要偿还，

当即口头表示自己放弃继承父亲的遗产，债务也别向自己要。

后来，债权人将刘善利的妻子和三个孩子一起起诉到法院，要求他们在继承刘善利的遗产范围内承担偿还债务的责任。刘至简到法庭后，仍口头表示自己放弃继承遗产，法院对他的陈述制作了笔录，并让他签字。

这种情况下，刘至简的放弃继承有效吗？

📖 以案普法

根据《民法典》第1124条规定，继承开始后，继承人放弃继承的，应当在遗产处理前，以书面形式作出放弃继承的表示；没有表示的，视为接受继承。根据该规定，放弃继承需要同时满足两个条件：第一，从时间上来看，放弃继承必须在继承开始后、遗产分割前作出表示；第二，从形式上来看，放弃继承的表示必须以书面形式作出。

刘至简在得知父亲还有外债未还后口头表示放弃继承，该放弃继承的表示不符合法律规定的形式要件，因此视为其接受继承。

在债权人将刘善利的继承人起诉到法院后，刘至简在法庭上又作出放弃继承的陈述，是否发生放弃继承的效果，要分两种情况进行处理：

第一种情况是债权人起诉后，刘至简到法院作出放弃继承的陈述，发生在遗产分割前，对刘至简作出的放弃继承的陈述，法院制作笔录，由刘至简签名确认的，可以认定刘至简放弃继承。

第二种情况是债权人起诉后，刘至简到法院作出放弃继承的陈述，发生在遗产分割后，这时刘至简放弃的不再是继承权，而是财产的所有权。

因此，放弃继承的表示应当采用明确表述，不能以默示的方式作出。刘至简在父亲去世后，虽曾多次采用口头的方式表示放弃继承，但该表示方式不符合放弃继承的形式要件，故起不到放弃继承的法律效力。

📖 法律依据

《中华人民共和国民法典》

第一千一百二十四条 继承开始后，继承人放弃继承的，应当在遗产处理前，以书面形式作出放弃继承的表示；没有表示的，视为接受继承。

受遗赠人应当在知道受遗赠后六十日内，作出接受或者放弃受遗赠的表示；到期没有表示的，视为放弃受遗赠。

《最高人民法院关于适用〈中华人民共和国民法典〉继承编的解释（一）》

第三十三条 继承人放弃继承应当以书面形式向遗产管理人或者其他继承人表示。

第三十四条 在诉讼中，继承人向人民法院以口头方式表示放弃继承的，要制作笔录，由放弃继承的人签名。

第三十五条 继承人放弃继承的意思表示，应当在继承开始后、遗产分割前作出。遗产分割后表示放弃的不再是继承权，而是所有权。

第三十六条 遗产处理前或者在诉讼进行中，继承人对放弃继承反悔的，由人民法院根据其提出的具体理由，决定是否承认。遗产处理后，继承人对放弃继承反悔的，不予承认。

第三十七条 放弃继承的效力，追溯到继承开始的时间。

第三十八条 继承开始后，受遗赠人表示接受遗赠，并于遗产分割前死亡的，其接受遗赠的权利转移给他的继承人。

11. 儿子藏匿父亲遗嘱后道歉获得原谅，是否还有继承权？

📢 典型案例

孔德与老伴张翠在村里办了企业，经营得挺好，二人在赚到钱后在镇上买了套房子供自己养老居住。孔德共有三个儿子，大儿子孔涛涛，二儿子孔帆帆均已经成家并在村里盖了房子，小儿子孔梦哲结婚时因没有房子居住，就一直住在父母的房子里。一天，孔德散步时不慎摔倒，经检查为脑溢血，孔德醒来后怕自己命不久矣，也怕自己走后老伴不能得到很好的照顾，就背着家人偷偷写了一份遗嘱，表示自己百年后，房子由老伴张翠继承，其他财产由三个儿子共同继承。

孔德将该遗嘱放在家里的抽屉里，小儿子孔梦哲从抽屉里拿户口本的时候发现了该遗嘱，看到了内容，他怕父亲去世后，自己对房子没有继承权，不能再在这个房子里居住，于是偷偷将该遗嘱藏匿。不久，孔德再次因脑溢血住院，再醒来时已经不能写字，只能说些简单的语言。孔德告知大儿子自己写了一份遗嘱，让大儿子孔涛涛回家取来交给母亲，大儿子没有找到遗嘱，便回到病房告知情况。这时小儿子孔梦哲看着病重的父亲，心里特别难受，主动道歉并说明了自己藏匿遗嘱的情况，还回家将遗嘱拿到病房交给了母亲。孔德看到知错就改的小儿子，也了解儿子的苦衷，对儿子的主动认错予以接受，原谅了小儿子藏匿遗嘱的行为。

在这种情况下，小儿子孔梦哲还有继承权吗？

🔍 以案普法

根据《民法典》第 1125 条第 1 款的规定，伪造、篡改、隐匿或者销毁遗嘱，情节严重的，丧失继承权。"情节严重"是指继承人伪造、篡改、隐匿或者销毁遗嘱，侵害了缺乏劳动能力又无生活来源的继承人的利益，并造成其生活困难的情形。

本案中，孔梦哲看到父亲的遗嘱后，知道父亲对自己现在住的房子进行了处分，怕将来自己不能在房子里居住，于是藏匿了遗嘱。父亲在遗嘱中将该房子给了母亲，将其他财产给了兄弟三人，母亲作为一位老年人，没有经济来源也缺乏劳动能力，孔梦哲将遗嘱藏匿，父亲去世后，若按照法定继承，该房子要列入遗产范围，这样势必侵犯到母亲的权利，而使自己获得更多遗产，该行为已经构成情节严重。根据上述法律规定，孔梦哲可能会丧失继承权。

但是，根据《民法典》第 1125 条第 2 款的规定，继承人有隐匿遗嘱的行为，确有悔改表现，被继承人表示宽恕或者事后在遗嘱中将其列为继承人的，该继承人不丧失继承权。本案中，孔梦哲在父亲病重时，主动向父亲道歉，交代了自己藏匿遗嘱的事实，并交出了遗嘱，得到了父亲的宽恕，可以不确认孔梦哲丧失继承权。

🔖 法律依据

《中华人民共和国民法典》

第一千一百二十五条 继承人有下列行为之一的，丧失继承权：

（一）故意杀害被继承人；

（二）为争夺遗产而杀害其他继承人；

（三）遗弃被继承人，或者虐待被继承人情节严重；

（四）伪造、篡改、隐匿或者销毁遗嘱，情节严重；

（五）以欺诈、胁迫手段迫使或者妨碍被继承人设立、变更或者撤回遗嘱，情节严重。

继承人有前款第三项至第五项行为，确有悔改表现，被继承人表示宽恕或者事后在遗嘱中将其列为继承人的，该继承人不丧失继承权。

受遗赠人有本条第一款规定行为的，丧失受遗赠权。

《最高人民法院关于适用〈中华人民共和国民法典〉继承编的解释（一）》

第九条 继承人伪造、篡改、隐匿或者销毁遗嘱，侵害了缺乏劳动能力又无生活来源的继承人的利益，并造成其生活困难的，应当认定为民法典第一千一百二十五条第一款第四项规定的"情节严重"。

12. 女儿继承了父亲的遗产，是否还要替父亲偿还债务？

📢 典型案例

张大成在农村经营一家养殖场，生意刚刚起步，就得了一场重病，后经治疗无效去世。张大成有一个儿子和一个女儿。张大成的遗产包括养殖场、农村宅基地上盖的住房、农用三轮车一辆。养殖场由儿子张乐乐继承，农用三轮车由女儿张媛媛继承，宅基地上的房屋由张大成的妻子赵小利和儿女共同居住。不久后，张媛媛嫁到外村，不再在家里居住。

一天，同村的两个人分别拿着两张借条找到张乐乐，称他父亲经营养殖场和生病的时候向他们借钱未还，共计15万元，让张乐乐及家人还款。张乐乐回家后与母亲和姐姐商量还款事宜，母亲称确有此事，应该还款。张媛媛称自己是嫁出去的姑娘，养殖场现在由张乐乐经营，其不应当偿还父亲欠下的外债。对此，张乐乐和张媛媛无法达成一致意见，张媛媛的说法对吗？

以案普法

本案中，张大成去世后，应当先确定张大成的遗产范围。根据《民法典》第1153条规定，夫妻共同所有的财产，除有约定的外，遗产分割时，应当先将共同所有的财产的一半分出为配偶所有，其余的为被继承人的遗产。张大成去世后留下的养殖场、农用三轮车和宅基地上的房产，如果与妻子没有特别约定，那么这些财产应当是夫妻共同所有的财产，因此应当将财产的一半分出给妻子赵小利所有，剩下的属于张大成所有的财产，才是张大成的遗产，由张大成的第一继承人即配偶赵小利、儿子张乐乐、女儿张媛媛继承。

既然三人继承了张大成的遗产，那么张大成的债务该怎么清偿呢？根据《民法典》第1159条的规定，分割遗产，应当清偿被继承人依法应当缴纳的税款和债务。这包括两种情形：第一种情形，先清偿债务再分割遗产；第二种情形，先分割遗产后清偿债务。

本案中，在张大成去世后，张乐乐及其母亲赵小利、姐姐张媛媛已经对张大成的遗产进行了分配，这时债权人上门主张张大成所欠的借款，那么三人既然继承了张大成的遗产，也应当承担张大成所欠的债务。因此，张媛媛认为自己已经出嫁，没有经营父亲的养殖场就不应当承担父亲所欠下的债务的想法是不对的。

张大成的债务该如何清偿，也是案件的重点。本案中，张大成的债务分为两种：一是因养殖场所欠的债务，既然养殖场是夫妻共同财产，那么因养殖场所欠的债务也应当是夫妻共同债务，应当用夫妻共同财产来偿还。也就是说，超出继承的遗产范围的债务，赵小利还要用夫妻共同财产中分给自己的那一半财产来偿还。二是张大成因治疗疾病而欠的债务，该债务属于个人债务，由三个继承人以继承遗产的实际价值为限进行偿还。

张大成的两个孩子的偿还范围如何确定呢？根据《民法典》第1161条的规定，继承人以所得遗产实际价值为限清偿被继承人依法应当缴纳的税款和债务。超过遗产实际价值部分，继承人自愿偿还的不在此限。也就是说，张乐乐、张媛媛以其继承的遗产份额为限额偿还债务。张乐乐以其继承的养殖场和房产的价值为限、张媛媛以其继承的农用三轮车的价值为限对父亲的债务进行偿还。

超出继承遗产的实际价值部分的债务，三人自愿偿还也是允许的。

🔗 法律依据

《中华人民共和国民法典》

第一千一百五十三条　夫妻共同所有的财产，除有约定的外，遗产分割时，应当先将共同所有的财产的一半分出为配偶所有，其余的为被继承人的遗产。

遗产在家庭共有财产之中的，遗产分割时，应当先分出他人的财产。

第一千一百五十九条　分割遗产，应当清偿被继承人依法应当缴纳的税款和债务；但是，应当为缺乏劳动能力又没有生活来源的继承人保留必要的遗产。

第一千一百六十一条第一款　继承人以所得遗产实际价值为限清偿被继承人依法应当缴纳的税款和债务。超过遗产实际价值部分，继承人自愿偿还的不在此限。

图书在版编目（CIP）数据

法律明白人婚姻家庭实用问答：以案普法版／王菁菁，苗雷雷著 . —北京：中国法制出版社，2023.6
ISBN 978-7-5216-3359-7

Ⅰ.①法… Ⅱ.①王… ②苗… Ⅲ.①婚姻法-中国-问题解答 Ⅳ.①D923.905

中国国家版本馆 CIP 数据核字（2023）第 042251 号

责任编辑：王佩琳（wangpeilin@zgfzs.com）　　　　　　封面设计：周黎明

法律明白人婚姻家庭实用问答（以案普法版）
FALÜ MINGBAIREN HUNYIN JIATING SHIYONG WENDA（YI AN PUFABAN）

著者/王菁菁　苗雷雷
经销/新华书店
印刷/三河市紫恒印装有限公司
开本/880 毫米×1230 毫米　32 开　　　　　　印张/ 4.5　字数/ 59 千
版次/2023 年 6 月第 1 版　　　　　　　　　　2023 年 6 月第 1 次印刷

中国法制出版社出版
书号 ISBN 978-7-5216-3359-7　　　　　　　　　　定价：20.00 元

北京市西城区西便门西里甲 16 号西便门办公区
邮政编码：100053　　　　　　　　　　　　传真：010-63141600
网址：http：//www.zgfzs.com　　　　　　　编辑部电话：010-63141801
市场营销部电话：010-63141612　　　　　　印务部电话：010-63141606

（如有印装质量问题，请与本社印务部联系。）